KB210112

내일의 예배
Curating Worship

Curating Worship

내일의 예배
Curating Worship

조니 베이커 지음

이광희 옮김

성공회 ST.BRENDAN'S INSTITUTE
브랜든선교연구소

새로움을 만들어내는 은사를 받은 이들에게

새로운 패러다임은

그것을 받아들일 준비가 되었을 때 시작됩니다.

- 케이트 템페스트

차례

저자 소개

조니 베이커는 CMSChurch Mission Society에서 변화하는 시대에서 교회가
존재하는 새로운 방식을 연구하고 또 이를 지원하는 일을 하고 있다.
이를 위해 파이어니어 리더들을 지원하고, 서로를 연결하여 네트워크를
만들고 있다. 또한 그는 런넌 대안적 예배 공동체인 그레이스의 일원
으로, 이곳에서 다양한 예배를 시도하고 있다. 그는 교회력에 따라
사용할 수 있는 전례적 요소를 안내하는 〈대안적 예배Alternative Worship〉의
저자이며, 또 다른 책인 〈대중문화Mass Culture〉와 〈전례The Rite Stuff〉 저술
에도 참여했다. 그린벨트 예술제Greenbelt Art Festival의 예배 공동 진행자로
활동하기도 했으며, 영국 뿐 아니라 세계적으로 다양한 창의적 예술
및 예배 프로젝트에 함께 했다. 대표적으로 세인트폴 대성당St. Paul's Cathedral
에 설치한 라비린스는 그가 디자인에 참여한 작품이다. 신앙을 고취
시키는 콘텐츠를 세공하는 www.proost.co.uk를 운영하고 있으며,
런던에서 활동하는 사진작가이기도 하다. jonnybaker.blogs.com에
서 그의 글과 작품을 볼 수 있다.

큐레이션curation은 예술계 용어입니다. 이는 갤러리나 박물관의 전시를 기획하고 감독하는 큐레이터curator가 하는 일을 말합니다. 큐레이터는 예술가와 함께 작업하며 전시할 작품을 의뢰하고 선별하여 전시에 배치하는 일을 맡습니다. 전통적으로 큐레이터는 전시 작품을 '지키는 사람'의 역할도 맡았습니다. 여러분이 전시회의 안내 책자를 꼼꼼히 읽지 않는다면, 큐레이터의 존재 자체를 모를 수 있습니다. 그러나 이것이 바로 좋은 큐레이션의 특징입니다. 좋은 큐레이터는 드러나지 않고 무대 뒤에 있기 때문입니다. 큐레이터의 역할은 전시회가 열리기 몇 달 전, 혹은 몇 년 전부터 준비되고, 전시회의 시작과 함께 끝납니다. 여러분이 전시회에 갔다는 것 자체가 이미 큐레이터의 손길을 통해 전시 환경이 조성되고, 작품이 적절하게 전시되었으며, 전시회를 안내할 책자도 만들어졌음을 의미합니다. 잘 기획된 전시는 물 흐르듯 자연스럽게 작품을 관람할 수 있는 공간으로 구성되어, 관람객이 작품을 마주하며 떠오르는 통찰, 즐거움, 도발적인 상상, 질문을 타고 전시에 스스로 몰입할 수 있습니다. 이런 전시는 예술가의 진가를 더욱 빛나게 해줍니다. 잘 만들어진 안내 책자는 전시회의 연장선이 되어 관람객이 좋은 전시회 경험 그 이상으로 탐험할 수 있도록 해줍니다.

예배 큐레이션은 위와 같은 방식으로 예배를 기획하는 것을 말합니다. 무엇이 예배에 포함되어야 하는지, 그것이 의미하는 바는 무엇인지를 고민하고 회중이 그것을 경험할 수 있는 다양한 방법을 제시합니다. 예배 큐레이션을 위해서는 '리더십'의 의미도 다시 생각해야 합니다. 예배 큐레이션의 리더십은 우리가 흔히 떠올리는 '무대 위'의 리더십이 아닌, '무대 뒤'의 리더십입니다. '예배 인도자'라는 단어를 생각해봅시다. 아마 예배를 인도하는 성직자나 워십 밴드의 열정적인 찬양인도자가 떠오를 것입니다. 이처럼 같은 단어임에도 완전히 다른 '장르'의 예배 인도자를 떠올리게 됩니다. 각 예배 형태는 그 형태를 사용하는 저마다의 이유와 규칙, 그리고 그 예배 안에서 리더와 회중이 만들어내는 분위기에 대한 나름의 이미지를 가지고 있습니다.

각 예배 형태에 대한 특정 이미지를 가지는 것은 당연한 일입니다. 영화나 책도 장르에 따라 받아들이는 태도가 달라집니다. 각 장르는 저마다 창의적이고 흥미롭게 이야기를 풀어가는 방식이 있기에, 여러 장르를 마구 쉬어놓으면 오히려 이상하게 느껴집니다. 유독 특정 장르를 표현하는 데 두각을 나타내는 사람도 있습니다.

그러나 큐레이션은 접근 방식부터 다릅니다. 큐레이션은 한 개인이 이끌어가는 방식을 깨고 전혀 다른 방향을 상상하게 합니다. 큐레이션이라는 용어는 예술계를 넘어서 다른 많은 분야에서도 사용되고 있으며, 이러한 흐름을 주목한 뉴욕 타임즈NewYork Times의 기사도 있습니다.[1] 이러한 변화는 큐레이션이 리더십에 관한 새로운 사고방식을 풍부하게 제공하고 있음을 보여줍니다. 예배 큐레이터는 예배의 맥락과 틀을 만들고 그 안에 다른 이들이 만든 콘텐츠들을 배치합니다. 배치는 큐레이터의 몫이지만, 콘텐츠는 여러 사람들이 만든 작품입니다.[2]

이 책은 두 부분으로 나누어져 있습니다. 전반부에서는 좋은 큐레이션을 위한 상상력, 과정, 기술, 훈련에 대해 살펴보며 예배 큐레이션이 무엇인지를 탐구합니다. 이 책의 많은 부분을 차지하고 있는 후반부는 다양한 상황의 공동체에서 놀라운 예배 경험을 만들어낸 예배 큐레이터들과의 대담을 담고 있습니다. 꼭 순서대로 읽지 않아도 됩니다. 예배 큐레이팅은 '대안적 예배[3]'Alternative Worship라고 알려진 운동에서 발전했는데, 이 책에 등장하는 사람들은 대부분 그 운동에 참여했습니다.

큐레이팅이라는 용어가 가져온 영감과 통찰은 이제 다양한 맥락 속에서 자리를 잡았습니다. 이 책은 예술계에서 큐레이션이 만들어온 유산이 사라져가는 것을 우려했던 한스 오브리스트Hans Obrist의 인터뷰 시리즈인 〈큐레이팅의 역사 A Brief History of Curating〉[4]에서 영감을 받았음을 밝힙니다.

---

1   www.nytimes.com/2009/10/04/fashion/04curate.html

2   예배에 큐레이션의 개념을 처음으로 도입한 것은 마크 피어슨Mark Pierson으로 알려져있다.

3   J. Baker, D. Gay and J. Brown, Alternative Worship (London: SPCK, 2003).

4   Obrist, A Brief History of Curating.

큐레이터들의 사상, 이론, 그리고 실천 과정을 담아냈던 그의 책처럼, 이 책도 우리가 예배 큐레이션을 오래 이어가고, 계속 상상력의 불꽃을 틔우는 데 도움이 되기를 바랍니다. 이 책에 실린 이야기는 새로운 디지털 시대의 흐름을 타고 전 세계로 퍼져 우리가 서로에게 배우며 생각을 공유하는 길을 밝히 드러내 줄 것입니다.

1부

예술 큐레이션과 예배 큐레이션

참 만남의 공간

전선을 묶거나, 숯에 불을 붙이거나,

복도를 가로질러 복사기로 달려가는 순간은 금방 잊혀집니다.

하지만, 그 순간에도 어떤 것이 일어납니다.

침묵 혹은 대화, 소리와 움직임, 고요함, 투박함과 우아함,

기발함과 아름다움 그 사이에서 다양한 형태로 사람들이 모입니다.

모이는 바로 그곳, 그곳에서도 어떤 것이 일어납니다.

그 어떤 것이 바로 은혜이며 생명입니다. 그것이 희망입니다.

사람이 사람으로 있을 수 있게 하는 공간. 경이로운 공간.

집과 같이 편안한 공간. 애도를 위한 공간. 꿈꾸는 공간. 즐거운 공간.

참 만남을 위한 공간.[1]

---

1 http://exilicchaplain.wordpress.com/2009/11/08/curating-worship-2

딜스톤 그로브_{Dilston Grove} 버몬지_{Bermondsey}에 있는 폐허가 된 교회 수영장. 그 안에는 몇 피트정도 깊이의 검은 물이 차있습니다. 수영장의 가장자리에는 계단 몇 층과 디딤돌 하나가 고독하게 놓여 있습니다. 누군가 그 위에 올라서면 어떤 일이 일어날지 궁금증을 자아내는 돌입니다. 이 작품은 마이클 크로스_{Michael Cross}[2]의 〈다리_{The Bridge}〉입니다. (사실 이 작품은 그가 나중에 호수에 설치하고자 하는 더 큰 작품의 시험판입니다.) 누군가가 위험을 무릅쓰고 디딤돌 위에 올라서게 되면, 올라선 사람의 무게가 돌을 작동시켜 물 아래 있는 다른 돌들이 수면 위로 올라옵니다. 그렇게 떠오른 돌을 밟으며, 관람객은 만들어진 길을 따라 물 안으로 걸어 들어오게 됩니다. 이 교회 수영장은 이 작품을 설치하기에 아주 좋은 위치였습니다. 관람객에게 이 경험은 너무나 긴장되고 떨리는 작품이기도 했습니다. 이 작품의 경험은 저에게도 꽤나 오래 남아있었습니다. 이 작품을 만난 후 몇 주 동안, 저는 신앙과 믿음에 대해 다양한 생각을 할 수 있었습니다.

제게 매우 깊은 인상을 남겼던 전시 중 하나는 서펜타인 갤러리_{Serpentine Gallery}에서 있었던 더그 에이킨_{Doug Aitken}의 〈새로운 바다_{New Ocean}〉입니다. 더그는 영화와 사진 작품 활동을 하는 예술가입니다. 이 전시는 지하실에서 상영되는 영상으로 시작했습니다. 얼음을 깨는 영상이었는데, 그때의 경험을 완전히 글로 옮기는 것은 어렵지만, 차갑고 단단한 것이 부서지는 소리로 인해 그곳에서 저도 모르게 눈물을 흘렸던 기억이 납

---

2   www.michaelcross.eu/morebridge2.html

니다. 그 소리는 정말 특별했습니다. 이후 몇 개의 설치된 영상이 이어졌습니다. 영상은 일터로 가기 위해 열차에 몸을 싣는 사람, 숨 가쁘게 복도를 가로지르는 사람과 같은 바쁜 도시인의 이야기들을 담고 있었습니다. 다시 영상은 숨 막히는 도시로부터 여유롭고 조용한 움직임을 담은 영상으로 전환되었습니다. 마치 명상을 위해 천천히 눈을 감는 것에 집중하거나, 체조선수의 우아한 동작을 바라보는 것 같은 편안함을 주는 영상이었습니다. 일을 마친 어떤 사람이 집으로 달려가다가 광야에서 쓰러져 누워있는 모습도 있었는데, 어째서인지 그 모습이 매우 평화로워 보였습니다.

여러 영상의 조합으로 만들어진 이 반복되는 영상을 보며, 저는 바쁘게 돌아가는 도시의 삶에 대해 성찰했습니다. 이 영상은 이후 제가 지하철을 타고 다닐 때에도 도심 속에서 고독과 고요, 기도의 공간이 어디인지를 잠시 멈춰 생각할 수 있도록 해주었습니다.

전시는 위층의 방, 서펜타인 갤러리의 아름다운 원형 공간에서 끝났습니다. 물 흐르는 소리가 공간을 가득 채우고 있었고, 바닥과 벽은 폭포와 바다의 영상으로 가득 차 있었습니다. 누군가가 물로 뛰어드는 장면도 있었는데, 그는 마치 물과 하나가 되는 것 같아 보였습니다. 새로워지고 치유되는 것 같은 느낌이 들었습니다. 아마 이 작품을 제멋대로 해석해서 그랬는지 모르겠지만, 이 작품을 보고 저는 그곳에서 저를 새롭게 하시고, 새로운 방식으로 하느님을 경험할 수 있도록 해달라고 기도했습니다. 저는 이곳에 꽤 오랜 시간 머물렀고, 차분해진 모습으로, 변화된 모습으로 그곳을 나섰습니다.

제가 이 전시회에 매료된 이유는 제가 단지 이 작가의 작품을 좋아하기 때문이 아닙니다. 전시장 건물을 사용하는 방식과 작품을 따라가도록 짜여진 여정의 자연스러움이 놀라웠고, 이 자연스러움이 이 전시에 대한 저의 이해를 더 깊게 만들어 주었기 때문입니다. 정말 놀라울 정도로 잘 큐레이팅 된 전시였습니다.

크리스마스를 준비하기 위한 분주한 쇼핑객들이 가득한 카나비 스트리트Carnaby Street에 그래피티와 위장 그물, 스프레이 페인트로 치장된 이상한 가게가 있습니다. '산타의 게토'Santa's Ghetto라는 곳입니다. 이곳은 크리스마스가 시작되기 몇 주 전부터 거리 예술가들이 크리스마스를 준비하기 위해 한 상점을 빌려 모인 곳입니다. 무너진 지하실 같은 이곳의 분위기는 이 거리를 둘러싼 화려한 크리스마스 분위기와 대비되며 아주 확연하게 눈에 띕니다. 이곳은 크리스마스를 준비하는 쇼핑객들에게 충격적인, 아주 다른 종류의 경험을 제공합니다. 가게 안으로 들어오면 마구간 누워있는 예수가 거대한 골판지에 스텐실로 그려져있고, 십자가에 달린 예수의 손에는 쇼핑백이 들려있는 작품이 있습니다. 뱅크시Banksy의 작품입니다. 이 도발적이고 고발적인 작품은 이를 보는 관람객에게 다양한 질문을 던집니다.

이곳의 많은 작품들 중에 개인적으로 가장 기억에 남는 작품은 〈부끄러운 자유Liberty Shame〉입니다. 자유의 여신상이 부끄러움에 자신의 얼굴을 두 손으로 가리고 있는 그림입니다. 이곳이 특별한 이유는, 이곳의 분위기가 이 작품을 다른 작품들과 하나로 묶어서 볼 수 있도록 하는데, 이는 잘 갖춰진 갤러리나 박물관에서는 절대 이끌어낼 수 없는 분위기이기 때문입니다. 작품의 배치와 장식도 작품의 느낌을 더욱 살려냅니다.

테이트 모던의 터빈홀The Tate Modern Turbin Hall은 거대한 공간입니다. 예술가들이 6개월마다 이 공간을 설치미술로 채우는데, 예술가에게 이는 매우 큰 도전입니다. 그들은 각자의 방법으로 뛰어남을 표현합니다. 제가 이 글을 쓰는 지금, 이곳에는 발카Miroslaw Balka의 〈그렇게 살아간다 How It Is〉가 전시되어 있습니다. 이 작품은 벽과 천장, 바닥이 온통 검은색인 컨테이너입니다. 공허한 어둠의 방이라 할 수 있습니다. 만약 당신이 이곳에 오자마자 곧바로 그 안에 들어간다면, 눈이 적응하지 못해 아무것도 볼 수 없고, 그저 어둠 속에서 다른 이들의 목소리를 듣는 것만 가능합니다. 저는 손을 뻗은 채로 이곳에 들어갔고, 더듬어가며 나가는 길을 찾았습니다. 그러던 중 제 눈이 어둠에 적응하기 시작했고, 점차 다른 사람들과 입구의 빛이 보이기 시작했습니다. 10분쯤 지난 뒤, 그곳은 더 이상 어둡지 않았고, 어떤 두려움도 느낄 수 없었습니다. 이 작품에 대해 작가와 큐레이터는 다음과 같은 설명을 했습니다.

> 어떻게 나아가야 할까? 눈앞의 어둠에 발을 들이기 전, 당신은 스스로 이렇게 묻게 될 것입니다. 알 수 없다는 것, 즉 미지(未知)는 두려울 수 있습니다. 특히 무언가 볼 수 없다면 더욱 그렇습니다. 그러나 당신이 그것에 다가가는 방식은 독특합니다. 왜냐하면, 어떤 것이든 처음 만나는 경험은 개인적일 수밖에 없기 때문입니다. 검은 공허를 응시하는 것은 당신이 나아가는 것의 여부를 고민하도록 만들 것입니다.

이런 경험에 대해 생각해보는 것도 하나의 방법일 수 있지만, 이를 실제로 탐색하는 것은 생각만 해보는 것과는 전혀 다른 차원의 경험입니다. 사람들은 어둠 속으로 걸어 들어가며 미지에 대해 많은 성찰을 했을 것입니다. 저 자신도 최근 새로운 역할을 맡게 되어서 미지의 세계로 들어가는 느낌, 삶과 일의 방향에 대해 고민하고 있었습니다. 그러나 미지 속에서 머무는 시간이 늘어나면서 그것이 점점 덜 어두워지고, 덜 두려워지게 되었다는 것을 떠올려보니 마음이 한결 놓였습니다.

갤러리와 박물관이 많은 런던에 산다는 것은 자유함을 느끼게 해줍니다. 이 공간들은 실험적이면서 명상적입니다. 만남의 공간이며, 삶의 속도를 변화시키는 공간입니다. 갤러리와 박물관은 도시인들이 삶의 속도를 늦추고 성찰할 수 있는, 침묵과 성찰에 깊게 들어갈 수 있도록 하는 공간입니다. 이와 더불어 예술가와 큐레이터가 공공장소에 설치한 작품도 우리가 갤러리나 박물관에서 작품을 감상할 때의 감각을 느낄 수 있게 합니다. 안토니 고믈리Antony Gormley가 리버풀Liverpool 인근 크로스비 해변Crosby Beach을 따라 설치한 바다를 바라보는 100개의 실물 크기 조각상이 좋은 예입니다.

예술은 종류의 다양성만큼 그 영향도 다양합니다. 예술은 특별한 감정을 불러일으키기도 합니다. 저는 매년 그 특별한 감정을 느끼기 위해 올해의 야생 사진 전문작가 사진전the Wildlife Photographer of the Year Exhibition에 갑니다. 작품이 전시되어있지 않은 전시관은 단순히 조금 특별한 형태의 공간일 뿐입니다. 그러나 전시되는 작품은 그곳을 저에게 질문을 던지는 공간, 슬픔을 불러일으키는 공간, 받아들이기 어려운 공간으로 바꿉니다. 전시관이 반드시 항상 편안함을 주는 곳일 필요는 없습니다. 저는 그리스도인으로서 이 공간을 영적인 곳, 하느님과 만나는 곳이라고 느낍니다. 이 공간은 저의 마음을 움직이고 영혼을 어루만집니다. 이곳에서의 경험은 깊은 차원에서 이루어지기에, 순간으로 휘발되지 않고 기억에 오래 남는 편입니다. 저는 여기서 '에피파니'Epiphany의 순간[3]을 꽤 경험했습니다. 이런 경험을 줄 수 있다면 그것은 훌륭한 전시회입니다.

큐레이터는 전시회를 경험을 위한 공간으로 만듭니다. 큐레이터는 작가와 작품, 그리고 대중이 자유롭게 소통하도록 연결점과 대화를 만들어 냅니다. 특정 작가의 작품을 대중에게 직접 설명하는 경우도 있지만, 최고의 큐레이터는 작품 스스로가 말하게 하여 관람객이 작품을 보는 내내 그 안에 빠져들어 경험하도록 합니다. 관람객이 작품 설명을 읽느라 시간을 다 써버리는 전시는 균형을 맞추기에 실패한 전시입니다. 관람객은 전시 이후에 카탈로그나 혹은 온라인을 통해 예술가에 대해 더 알아볼 수 있기 때문입니다.

현대 미술로부터 영향을 받은 예배 큐레이션도 참 만남, 경험, 성찰, 속도의 변화, 기도, 질문, 탐험, 명상, 도발, 깨달음을 위한 공간을 만들어 냅니다. 창의성과 상상력은 하느님, 예술, 예배 그리고 사람을 한데 묶기 위해 주어진 것입니다. 이 책의 후반부에 실린 인터뷰에서는 공간에 대한 많은 예를 이야기 할 것입니다.

현장에서 활동하는 이들과의 인터뷰를 기획하여 책으로 내고자 했던 이유는 창의적인 과정은 신비하고도 어려우며, 때로는 위협적일 수 있다

---

3   무엇인가의 느낌을 강하게 경험한 순간을 일컫는 용어(편집자 주)

는 것을 알리고 싶었기 때문입니다. 이 책이 예배 큐레이팅에 대한 생각을 열어주고, 그것이 무엇인지를 명확히 안내하는 책이 되기를 바랍니다. 그래서 이 책을 통해 "당신도 할 수 있다"는 격려를 받을 수 있게 되기를 바랍니다. 현장의 전문가들로부터 배울 수 있는 것은 기술이 아니라 창의성의 기반이 되는 상상력입니다. 물론 공동체를 위해 활용할 수 있는 기술이나 예술적 재능이 있는 것은 좋은 일이며, 이것이 예배의 예술성을 발전시킬 수 있습니다. 하지만 대부분의 창의적 예배는 막대한 예산을 필요로 하지 않습니다. 그저 우리 주변에서 손쉽게 구할 수 있는 자원들을 활용하는 것으로 충분합니다.

앞으로 인터뷰를 읽으면 확실히 알게 되겠지만, 예배를 큐레이팅 하는 방법은 다양합니다. 어떤 그룹은 한 프로젝트에 일 년을 보내고, 어떤 그룹은 몇 가지 계획을 구상하여 콘텐츠 전문가들에게 제작을 맡기기도 합니다. 많은 이들이 함께 예배 큐레이팅에 참여하는 경우도 있지만, 소규모 팀으로 작업하는 경우도 있습니다. 예배 공동체로서의 정체성이 뚜렷하게 드러나는 그룹이 있는 반면, 예술가 집단같이 보이는 그룹도 있습니다.

그레이스Grace는 제가 속한 그리스도교 공동체로, 잉글랜드 성공회 Church of England의 일원이며, 대안적 예배 운동에 속해있습니다. 그레이스는 주로 작은 팀을 꾸려 활동하고, 일 년에 약 열두 개의 예배를 기획합니다. 개인적으로는 일 년에 한두 번, 그리고 팀에 속해서 네댓 번의 예배 큐레이팅에 참여합니다. 우리는 준비 과정에서 대체로 두 번 정도의 회의를 하고, 이를 기반으로 자신이 어떤 역할을 맡을지 결정합니다. 맡은 역할의 결과물을 처음 보게 될 때의 환희를 위해 리허설을 하지 않으며, 예배 안에서 특정 역할이 차지하는 비중에 대해서도 신경 쓰지 않습니다.

예배 큐레이팅은 직관, 기술, 사고방식이 조화를 이루어야합니다. 이를 위해서 고려해야 하는 것들이 많기에, 그레이스는 큐레이터를 위한 실용 지침을 만들었습니다. 이 지침은 전체적인 프로젝트 관리를 위해 해야 하는 일의 목록을 담고 있습니다. (이 책의 부록으로 수록했습니다.) 이 지침을 보면 앞으로 살펴볼 아이디어의 표현, 조율, 세계관 구성과 같은 큐레이션의 단계를 이해하기에 도움이 될 것입니다.

예술 큐레이터와 예배 큐레이터가 다른 점이 있다면, 큐레이터가 팀의 일원으로 일하는지의 여부입니다. 팀 안에서 개인적인 관점을 관철시키는 것이 아니라, 함께 창의적인 예배를 만들어내는 것이 예배 큐레이터의 역할입니다. 그러기 위해서는 여러 가지 상황을 부드럽게 조율해야 하는데, 결코 쉽지 않습니다. 이후 만날 닉 휴즈Nic Hughes의 인터뷰에서 예배 공동체인 복스Vaux가 통제된 방식에서 출발하여 개방적 방식으로 변화된 과정을 볼 수 있을 것입니다.

예배 큐레이팅의 핵심은 믿음입니다. 과정에 대한 믿음, 기획팀에 대한 믿음, 공동체에 대한 믿음, 공동체가 속한 제도에 대한 믿음, 공동체를 찾아오는 이들에 대한 믿음, 찾아온 이들이 마땅히 그들이 해야 할 것을 할 것이며, 그들이 받아야 할 것을 받게 될 것이라는 믿음, 깨달음의 순간이 있을 것이라는 믿음, 주님께서 당신이 창조하신 모든 것에 깃들어 계신다는 믿음이 모든 작업의 기반이 되어야합니다. 큐레이터는 모든 것을 통제하기보다 누구든 자유롭게 참여할 수 있도록 가능성을 열어두어야 합니다.

큐레이터는 공동체가 새로운 것을 만들어낼 수 있도록 돕는 산파, 전통과 새로운 발상을 조합해 음악을 만드는 디제이ᴅᴊ, 다양한 기회를 소개시켜주는 중개인, 감히 상상할 수 없는 놀라운 아이디어를 찾아내고 그것이 실현되리라 믿는 이상주의자, 예술가와 후원기관 사이의 중재자, 결정권자, 새로운 길을 개척하는 이들에게 힘을 주는 격려자와 같은 역할을 합니다. 큐레이터는 상황에 따라 다양한 일을 하며, 자신이 드러나는 것보다 그렇지 않을 때 더욱 만족감을 느낍니다. 환경을 만들어내며, 일이 진행되도록 하기 위해서라면 자신이 해야 할 것보다 더 많은 일을 하는, 열정을 가진 이들입니다. 돈 때문이 아닌, 이 일을 사랑해서 하는 이들입니다. 무엇보다도 큐레이터는 하느님을, 예배를, 창의성을, 전통을, 사람들을, 그리고 문화를 사랑하는 이들입니다.

새로운 세상을 만드는 일

　예배는 세상을 상상하는 일입니다. 그렇기에 예배 큐레이션에서 가장 중요한 질문은 어떤 세상을 상상하는지, 어떤 세상이 만들어졌는지를 묻는 것입니다. 사이먼 셰이크Simon Sheikh는 큐레이터가 지금 세상에 만족하고 있다면, 그것이 계속되도록, 지금과 같은 형태가 반복적으로 순환하도록 전시회를 기획하면 되지만, 만일 큐레이터가 자신이 살고 있는 세상과 예술에 만족하지 않는다면, 다른 전시회를 만들어야 한다[1]고 말한 바 있습니다. 저는 이 말에 동의합니다. 불안이라는 감정은 나와 다른 상상이 만들어낸 세계에 동의할 수 없기 때문에, 그에 반하는 상상이 필요하다는

---

[1]　O'Neill(ed.) Curating Subjects (Amsterdam and London: De Appel/Open Editions, 2007), p.182.

내면의 요구를 자극하는 명확한 신호입니다. 예배 큐레이션은 단순히 유행을 따라하거나, 예배에 창의성을 조금 섞거나, 표현 방식을 다르게 하는 것과는 다릅니다. 더 깊은 차원의 변화가 필요합니다. 이 책의 인터뷰에서 이야기 하고 있는 것처럼, 예배 큐레이션은 새로운 세상, 새로운 관계, 새로운 방식, 그리고 대안적 삶을 상상하는 일입니다. 그리고 이것이 교회, 예배, 소비문화, 우리의 삶에서 실현되도록 하는 일입니다.

> 새로운 세상을 만드는 일, 새로운 세상으로 변화시키는 일은 명확한 표현, 상상력, 그리고 지속성을 필요로 합니다[2].

> 예술 작품은 누군가를 대표하는, 어떤 것에 대한 명확한 표현입니다. 예술은 관점을 제안하는 것이지, 정보를 주는 것이 아닙니다. 예술 작품의 표현은 당신의 위치와 관점, 당신이 어디에 있는지와 어디로 가고자 하는지를 드러내는 것이며, 여기에 동참할 것인지를 제안합니다. 당신은 혼자 가거나 함께 갈 수 있습니다[3].

셰이크의 글에서 '예술'을 '예배'로 바꿔 읽을 수 있습니다. 예배는 어떤 것에 대한 명확한 표현이며, 현상을 보는 관점을 제공하는 것입니다. 예배 큐레이팅을 통해 공동체 혹은 큐레이터가 표현하고자 하는 것이 있습니다. 이 표현은 중립적이지 않습니다. 어떤 것이 중립적이라고 할 때

---

2 Ibid., p.183.

3 Ibid., p.184.

에는 여러 가지 이유가 있겠지만, 포스트모던 문화 속에 사는 우리는 누군가 중립이라고 말하는 것을 한번쯤 의심해보게 됩니다.

그레이스에서 드리는 예배, 우리가 사용하는 대부분의 전례는 우리가 모든 사람을 환대하고 주님의 식탁으로 초대한다는 것을 확실하게 보여줍니다. 이는 타자를 배척하는 세상에 의도적으로 저항하기 위함입니다. 한 예로, 우리가 부르는 노래인 〈그리스도의 식탁Table of Christ〉에는 이런 가사가 있습니다.

> 교회가 당신을 문 밖에 세워둔다면, 이리로 오십시오.

이처럼 그리스도인은 예배에 표현을 담아 기존의 위계질서나 사회의 지배적 문화를 해체하고, 새로운 세상이 우리의 삶에 실현되도록 합니다.

하지만 화려하고 특이하다고 해서 다 좋은 표현인 것은 아닙니다. (펑크 음악은 예외일 수 있습니다.) 예배도 마찬가지입니다. 예배에서의 '표현'은 문화적 감성과 더 비슷한 개념입니다. 설명서를 주는 게 아니라 실제로 경험할 수 있도록 안내하고, 일방적으로 지시하는 게 아니라 함께 해보자고 초대하는 방식이 바로 표현입니다. 내용이 명확하게 드러나는 것도 나쁘지 않지만, 내용의 명확성을 강제하는 것보다 스스로 찾아갈 수 있도록 하는 것이 좋습니다.

예배 큐레이팅에서는 겸손한 자세와 이조도 중요합니다. 최근 아프가니스탄 사진전에 다녀왔습니다. 사진은 아름다웠지만, 전시회는 맘에 들지 않았습니다. 전시된 사진이 이 전시회를 의뢰한 네덜란드군의 영웅적

면모를 보여주는 사진들만으로 가득했기 때문입니다. 큐레이터가 이를 다른 방식으로 표현하지 않은 것이 아쉬웠습니다.

이 책에서 만날 인터뷰에 담긴 각자의 많은 예배 경험은 다양한 층위와 의미를 가지고 있기에, 이를 읽는 사람들의 이해 방식도 다양할 것입니다. 하지만 다양한 이해들을 하나로 묶는 어떤 의미가 있음 역시 발견하게 될 것입니다.

상상력은 우리를 참다운 인간으로 만들어주는 선물입니다. 특히 하느님을 상상하는 능력은 정말 놀라운 선물입니다. 큐레이션은 이 상상력과 창의성을 필요로 합니다. 큐레이션은 거시적 관점에서 보면 다른 세상을 상상하고 보는 방법이며, 새로운 것을 꿈꾸는 과정입니다. 저는 여러 인터뷰를 통해 이 과정을 찾고자 했습니다. 그러나 그들이 어디서 아이디어를 얻고, 어떻게 창의적 환경을 만드는 지에 대한 일관된 방법을 찾는 것은 어려운 일이었습니다. 다만 한 가지, 모든 사례는 공통적으로 자유로운 환경을 기반으로 하고 있었습니다. 여기서 말하는 자유로운 환경이란 적당히 어지럽혀진 상태, 즐겁게 먹고 마시는 것, 그리고 괴상하다고 여길만한 제안을 즐기는 방법을 배우는 환경입니다. 많은 교회에서는 음악적 재능이나 말을 잘하는 능력정도만이 예배를 위해 사용된다고 생각합니다. 이러한 생각은 완전히 깨져야 합니다. 예배를 만드는 일에는 시인, 사진작가, 사상가, 괴짜, 신학자, 전례학자, 디자이너, 작가, 요리사, 정치인, 운동선수, 영화감독, 이야기꾼, 부모, 사회 활동가, 어린이와 청소년, 블로거, 미디어 크리에이터, 공예가, 이들 외에도 기꺼이 자신의 생각을 이야기하고자 하는 모든 사람들이 참여할 수 있어야합니다. 다수가 참여하는 예배 큐레이팅에 함께 하는 것은 정말 흥분되는 일입니다. 저는 가끔 천사들이 발코니에 걸터앉아 "이 괴짜들이 오늘 예배에서는 어떤 일을 저지르려나?" 생각하며 미소짓고 있는 상상을 합니다. 해변에 설치된 대림절 오두막 달력Beach Hut Advent Calendars [4], 공공 장소에 설치된 십자가의 길, 거리의 보도블록에 새겨놓은 기도문, 지하 주차장에 만들어진 지성소, 도심 중앙에 놓인 쓰레기통, 우편으로 전달된 놀라운 소식, 방호복을 입은 안내자, 게릴라 예배, 어른들과 전혀 다르지 않은 방식으로 섞여있는 어린이들의 모습을 누가 상상할 수 있었을까요? 앞으로 이어지는 인터뷰에서 이 이야기들을 만날 수 있습니다. 저는 제가 꿈꿔온 것들, 그리고 아직 꿈꾸지 않은 것들까지도 사랑합니다. 창의성은 근육과 같아서 자주 사용하면 발달합니다. 유연성도 마찬가지입니다. 사용하지 않아 약화된 창의성은 창의적인 사람과 함께 하면서 다시 성장할 수 있습니다. 창의성은 창의적인 환경 안에 있으면 자라납니다.

박물관 디렉터의 첫 번째 일은 대단한 볼거리를 기획하여 제공하는 것이 아니라, 박물관을 신뢰하는 청중을 만드는 것입니다. 예배를 큐레이팅하는 많은 이들이 과정에는 관심을 두고 있지 않은 것 같지만, 그 과정이야말로 상상력을 기반으로 한 작업이 이루어지는 중요한 장(場)입니다. 개인적으로 행사와 전시를 통해 놀라운 창의성의 결과물을 많이 경험했지만, 사실 작품에서 작가의 창의성을 알아보는 사람은 많지 않습니다. 그렇기에 행사 혹은 체험은 대중의 수준과 비슷한 상상력을 사용하는 것

---

4   해변가에 작은 오두막들을 대림절 달력처럼 연출한 작품. www.bbc.com/news/av/uk-16328468 (역자 주)

이 적절합니다.

예술과 예배는 '이야기'를 가지고 있습니다. 전통, 계보, 그리고 사람들과의 관계맺음이 이야기의 재료가 됩니다. 큐레이팅은 이야기를 풀어냅니다. 직접적으로, 또는 전복적인 새로운 시도를 통해, 때로는 전통을 받아들이는 방법으로 이야기를 표현합니다. 이는 전통을 재해석하며 진보하는 방식입니다. 예술계와 교회는 오랜 시간에 걸쳐 그 아름다움을 드러내고 있다는 공통점, 과거로부터의 연속성이라는 공통점이 있습니다. 이러한 연속성은 우리가 생각하기 어려운, 심지어는 이 흐름이 파열되는 것처럼 보이는 곳에서도 존재할 수 있습니다. 특정 전통 혹은 교단에 속한다는 것은, 오랫동안 보존해온 소중한 유산을 활용할 수 있게 함과 동시에 예배 큐레이팅에 독특한 문법을 사용한다는 의미입니다. 만약 여러분이 어떤 곳에 속해있지 않다면, 그 역시도 또 다른 형태의 연속성입니다. 큐레이터가 깊이 고민해야 하는 것이 바로 이 연속성입니다. 과거와 현재, 그리고 미래라는 시간의 연속성 가운데 어떻게 자리를 잡을 것인지를 고민하는 것입니다. 이러한 생각을 바탕으로, 대안적 예배는 1970-80년대에 있었던 예배의 현대화 흐름과는 달리 전통과의 연속성을 부각시키는 것을 고민하고 있습니다.

큐레이션에 관한 문헌과 논의에서 주기적으로 등장하는 흥미로운 주제가 있습니다. 바로 대중, 예술가, 박물관, 갤러리, 후원자, 그리고 여기에 존재하는 권력 안에서 어떻게 새로운 예술을 표현할 것인지를 협상하는 것입니다. 큐레이터 본인은 그렇게 생각하지 않을 수 있긴 하지만, 기본적으로 큐레이터는 협상가[5]입니다.

몇몇 큐레이터는 자신의 영역을 확보하기 위해 소속 없이 독립적으로 일합니다. 이렇게 일하는 이들은 예술계의 구조에 대해 문제를 제기하기도 합니다. 세스 시겔롭Seth Siegelaub은 역사화를 중요시 하며 기득권이 되어 사회적, 구조적 이익을 취하는 박물관을 '예술의 무덤'이라고 부르며 비판한 바 있습니다. 그는 예술계의 기관들이 예술가와 분리되어 있기 때문에 예술가들이 문제가 있다고 하는 것은 의미 없는 일이라고 하기도 했습니다.

반면, 예술가들이 넓은 공간에서 놀라운 작업을 할 수 있도록 박물관과 예술가 사이에서 협상을 중재하는 박물관 소속의 큐레이터들도 있습니다. 이들은 예술 기관이 제도적으로 바뀔 필요가 있음을 인식하고 있습니다. 뉴욕 현대미술관MOMA의 로버트 스토Robert Storr는 한때 기관을 비판했던 큐레이터들이 지금은 자신이 비판했던 그 거대 기관에 속해있으며, 이로 인해 스스로를 비판하는 괴로운 상황에 대해 고민했습니다. 그는 "예술계가 예술가의 요구와 성취에 응답하지 않는다면, 그것은 우리의 책임이다"[6]라고 말했습니다. 그는 제도에 반대하는 것이 아닌, 제도와 함께 창의적인 방식으로 문제를 풀어가야 한다는 입장입니다.

박물관 소속이거나, 박물관과 협력하는 큐레이터들은 제도와 대중, 그리고 예술가 사이의 상호작용을 통해 신뢰를 만들고 예술가와 긴밀하

---

5   O'Neill(ed.), Curating Subjects, p.20-30.

6   Marincola(ed.), Curating Now (Philadelphia: Philadelphia Exhibitions Initiative, 2001), p.15.

게 협력합니다. 신뢰가 없다면 할 수 있는 일이 없지만, 일단 신뢰가 쌓이기만 하면 많은 놀라운 일들이 가능합니다. 한 예로, 윌렘 샌드버그Willem Sandberg[7]는 기존과는 다른 실험적 방법으로 박물관을 운영할 것을 제안하기도 했습니다. 이런 움직임은 신뢰를 쌓기 위한 노력 없이는 불가능한 일입니다.

이런 과정을 거치며 나타난 중요한 변화가 있었습니다. 하나는 박물관이 단지 소장품을 보여주는 방식만을 고집하지 않고, 소장품을 활용하여 참신한 주제의 전시를 만들고, 때때로 최고의 작품을 돋보이게 하는 기획전을 여는 등 목적성 있는 메시지를 만들기 시작했다는 것입니다. 또 다른 변화는 박물관이 '미학의 교회'로 기능하던 고립된 과거에서부터 벗어나 스스로를 실험장으로 인식하게 되었다는 것입니다. 이러한 인식의 전환은 박물관을 작업실, 실험실, 심지어는 위험한 사상의 공간으로 인식하는 것을 가능하게 만들었습니다.

런던의 많은 박물관과 갤러리는 이러한 생각을 수용했다고 볼 수 있습니다. 빅토리아 알버트 박물관Victoria and Albert Museum에서 열린 현대 미술 집단인 원닷제로Onedotzero의 전시는 음악과 프로젝터로 벽에 쏜 작품들, 그리고 설치미술들이 전통적 공간과 어우러져 재미있는 연구실과 같은 분위기를 자아내기도 했습니다.

예술계에서 일어난 이러한 변화가 포스트모던 문화를 바탕으로 그리스도교 신앙을 새로운 흐름으로 이끈 이머징 처치와 대안적 예배 운동의

---

7 Obrist, A Brief History of Curating, p.160.

일원이었던 예배 큐레이터, 교회의 리더, 예배 예술가들 사이에서도 이루어지고 있습니다.

연속성은 '선택에 대한 모든 가능성' 혹은 '중심부와 주변부'라는 개념으로 생각할 수 있습니다. 경계를 탐험하고, 박물관과 같은 기관이 상상할 수 없는 일을 하는 예배 큐레이터들이 있다는 사실이 너무나도 즐겁습니다. 마찬가지로 교회의 중심부에서 전통적 제도와 방식을 수용하면서 새로움을 드러낼 수 있는 방식을 조율해가는 큐레이터들이 있다는 것도 감사한 일입니다. 이렇게 만들어지는 새로운 환경에서 사람들은 서로 연결되고, 이야기를 나누고, 신앙의 여정을 함께 할 수 있습니다.

제가 인터뷰한 많은 이들은 다양한 방식으로 대안적 예배와 전통 교회와 간극을 좁히기 위해 노력해왔습니다. 수 월리스Sue Wallace는 트랜센던스Transcendence를 위해 요크 대성당과 많은 논의를 해왔고, 신뢰를 기반으로 한 창의적인 의견 일치를 이루어냈습니다. 아이콘Kon과 복스Vaux 역시 마찬가지로 '규범을 넘어서는 큐레이팅'의 가치를 강조함으로써 한계를 넘어섰습니다. 저는 큐레이터 오퀴 엔위저Okwui Enwezor를 통해 '규범을 넘어서는 큐레이팅'을 이해하게 되었습니다.

저는 언제나 규범 밖에서, 그러나 문화 안에서 작업하기 위해 노력했습니다. 규범이 나쁘다는 이야기를 하는 것이 아닙니다. 다만 규범은 어느 날 갑자기 생겨난 것이 아니라, 역사적 흐름 속에서 다양한 방식으로 결정된 것이기에, 예술적 실천을 제한할 수 있는 여지가 있다는 것입니다. 특정 상황에서의 방법론적 문제들을 해결하기 위해 규범을 사용하기도 하지만, 저는 문화 안에서 큐레이팅 하는 것에 관심을 가지고 있습니다. 문화 안에서 큐레이팅을 한다는 것은 지금의 문화를 열린 작업 공간으로 삼는 것이고, 현대 미술의 맥락에 맞지 않는 예술 작품을 문화 안으로 가져올 수 있도록 수용의 폭을 넓히는 것입니다. 추구하는 이상을 접거나, 앤디 워홀Andy Warhol과 같은 유명인의 전시회만을 하며 쉬운 길을 가고 싶은 것이 아니라면, 큐레이터는 문화 안에서 문화를 확장시키는 일을 해야 합니다. 이상을 접고 현실을 따라가기 시작하게 되거나 제도에 순응하기 시작하면 규범을 충실하게 따라야만 합니다. 이는 일반적인 현상이며, 생존을 위한 전략적인 선택입니다. 그러나 이런 태도를 취하는 이들의 지적 빈곤은 금세 드러납니다. 큐레이터가 안정된 직업을 원하게 되면, 그는 이미 끝났다고 볼 수 있습니다.[8]

규범을 넘어서는 큐레이팅을 예배에 적용한 많은 사례가 있습니다. 해변에 설치된 대림절 달력, 공공 정원에 설치된 십자가의 길과 같은 설치 작품과 카페나 바Bar에서 드리는 예배는 예배와 삶의 격차를 좁히며 이를 문화 안으로 통합시킨 좋은 예입니다.

초기 예배 큐레이터들은 상황신학, 여성신학, 해방신학, 흑인신학과 같은 전통과 규범에서 벗어난 신학에 영향을 받았습니다. 다른 맥락의 이야기를 듣는 것은 규범이 어디에서 작동하고, 누구의 입장을 대변하는 것인지 알게 되며, 규범은 하나의 관점일 뿐, 완전히 최종적으로 확정된 것이 아님을 알게 해줍니다. 이는 신학을 포스트모던의 관점에서 보고 적용할 수 있는 가능성을 열어줍니다.

---

8 O'Neill(ed.), Curating Subjects, p.120.

잘 큐레이팅된 콘텐츠가 주는 경험은 경계를 넘어서게 합니다. 이러한 콘텐츠는 사실 아주 단순합니다. 전통적인 전례도 콘텐츠이며, 제대에 클래식 매킨토시 컴퓨터를 올려놓거나 세인트폴 대성당St. Paul's Cathedral 한가운데 휴대용 음향기기를 두는 것과 같이 재밌으면서도 뭔가 좀 그 장소에 어울리지 않는 것 같이 연출된 상황도 콘텐츠입니다. 이에 대해서는 닉과 케스터Kester와의 인터뷰에서 복스에서 드린 '더러움'을 주제로 한 예배, 특히 성찬 빵과 포도주처럼 '거룩한' 것들을 함부로 대하는 행위를 포함한 예배에 대해 나눈 이야기를 확인해보시기 바랍니다.

제가 그린벨트 페스티벌Greenbelt Festival에서 주관했던 예배 기획 토론회에 잉글랜드 성공회의 공동 전례 위원회의 두 사람이 참여했습니다. 토론 중에 전통 안에서 창의력을 발휘할 수 있도록 허가하는 주체가 누구인지에 대한 이야기가 시작되었습니다. 참여한 위원 두 사람은 예배 안에서 창의적 시도를 하는 것을 장려한다고 말하며, 자신들이 마치 '전례 경찰'처럼 인식된다는 것에 불만을 표했습니다.

일부 전통적 관점을 수호하는 이들은 올바른 전례란 창의적으로 새롭게 해석한 전례가 아니라, 기존의 것을 그대로 하는 것이라는 이상한 신화를 가지고 있습니다. 정말 답답하고 따분하기 그지없는 생각입니다. '규범'은 사람들의 상상력에 그어진 경계선에 지나지 않습니다. 규범을 넘어서는 큐레이팅은 갱신을 위한 새로운 전략의 일종입니다.

람베스 회의Lambeth Conference[9]에서 세계 성공회 공동체가 이 문제에 대

---

9 Holeton(ed.), Liturgical Inculturation in the Anglican Communion(Nottingham: Grove Books, 1990).

해 했던 논의를 담은 소책자가 있습니다. 이 문서는 서구의 전례가 '규범'으로 작동하는 것을 멈추고, 상황과 문화적 특징을 담은 전례를 허용하고 장려해야 한다는 내용을 담고 있습니다. 아래 두 인용문에서 이 문서의 요점을 확인할 수 있습니다.

> 우리가 그리스도교 문화를 그들의 문화에 스며들도록 하는 것을 등한시 한 결과, 몇몇 그리스도교 형제들은 소외감을 느끼게 되었고, 그리스도교라는 종교의 문화와 일상의 삶이라는 완전히 다른 두 영역에서 살아야 하는 어려움을 만들어냈다. 또한 이로 인해 어떤 이들은 그리스도교를 떠났으며, 비그리스도인들은 교회의 문화적 이질성을 진입장벽으로 인식하게 되었다

> 진정한 토착화는 예배에 그 문화를 녹여내고자 하는 의지를 말한다. 그 예배는 사람들의 감정과 깊이 맞닿아야 한다. 이를 위해 변화에 대한 개방성, 실험 가능성에 대한 열린 태도, 지역적 특성을 살릴 수 있는 창의성의 발굴, 그리고 이 모든 과정을 비판적으로 성찰하려는 태도가 요구된다.

교회는 진작에 선교적 차원에서 문화적 동질성을 만들어내는 것을 고민했어야 했지만, 이 문제가 자신들의 문화 안에서 일어나기 시작했을 때 이 문제가 중요했다는 것을 알게 되었습니다. 하지만 이미 예배 큐레이터들과 예술가들은 이를 위한 혁신과 실험을 시작했습니다.

2부

인터뷰

교회 새롭게 디자인하기
스티브 콜린스

조니 | 스티브, 우리는 예술과 문화의 도시인 런던에서 오랜 시간 함께
전시회를 관람했습니다. 특히 예배 공동체 그레이스의 구성원들
과 헤이워드 갤러리Hayward Gallery의 키네틱 아트[1]를 함께 봤던 기
억이 나네요. 그러면서 '우리는 더 적은 예산으로 비슷한 일을
하고 있다, 우리 작품도 대단하다'고 말했었죠. 당신은 현대미술
작품과 대안적 예배 사이의 유사성, 혹은 연결성에 대해 어떻게
생각하십니까?

스티브 | 대안적 예배의 핵심은 문화적 연결, 혹은 재연결이라고 생각해

---

[1] '움직이는 예술'이라는 의미로, 물리적인 힘이나 자극으로 작동하는 3차원 예술 (역
자 주)

요. 대안적 예배는 교회 안에 모든 종류의 예술을 실험적이고 수용적으로 적용할 수 있는 공간을 만들고, 예술을 통해 사회를 읽고, 그리스도인으로서 사회에 대해 이야기 하면서 연결점을 만들어 내는 일이죠. 이 작업을 해온 예술가들은 자신들이 속한 문화와의 연결성을 자신의 작업에 녹여냈습니다. 영국의 대안적 예배는 현대 미술의 새로운 사조, 설치 미술과 함께 시작되었어요. 발전된 예술 기법이 예배의 수준을 높이는데 도움을 주었지만, 중요한 것은 사용한 기술의 수준이 아니라 열린 사고, 현대인의 삶과 그들이 향유하는 미디어가 사용하는 언어, 그리고 일상의 평범함을 사용했다는 점입니다. 재떨이, 스타킹, 텔레비전, 침구, 술 같이 매우 친숙한 것들이요. 이러한 소통 환경은 '설교 없이 소통이 가능한가' 하는 질문에 대한 대답을 줍니다.

또 예술계는 예배 큐레이터들에게 쓰레기와 흙까지 활용하여 적은 비용으로 작품을 만들어내는 방식을 가르쳐주었습니다. 우리는 자질구레한 재료들이 심오한 의미를 가진 무언가로 새롭게 창조되는 것을 보았고, 관객이 이렇게 만들어진 것과 물리적으로, 혹은 감각적으로 상호작용을 하며 새로운 의미를 만들어내는 것을 보았습니다. 예술이 문자 그대로 '전례'가 될 수 있다는 것을 확인한 것이죠. 우리 주변에서 흔히 볼 수 있는 물건도 큐레이팅을 통해 예술이 될 수 있다는 것, 예술이 이미는 분서이나 관찰로만 알게 되는 것이 아니라, 상호작용을 통해 생겨나는 것임을 배웠습니다. 이런 의미에서, 지난 20년간 영국 예술계는 예배 학교였고, 지금도 그렇습니다. 만약 그림을 전시하는 것이 예술의 전부였다면, 지금과 같은 대안적 예배가 실현되기 어려웠을 것 같습니다. 대안적 예배는 예술의 새로운 움직임과 상관없이 어쩌다 튀어나온 것이 아니기 때문입니다.

조니 | 그렇게 생각할 수 있겠네요. 혹시 지금 말한 환경을 예배 큐레이팅에 적용하도록 영향을 준 예술가나 전시회가 있었나요? 또, 건축가로서 당신이 예배 큐레이팅을 할 때 가지는 장점은 무엇인가요? 제 생각엔 당신은 공간감과 그 공간 활용을 상상하는데 유리할 것 같아요. 웹사이트에[2] 있는 당신의 작품 중에서 당신이 새롭게 상상한 교회의 모습들을 봤습니다. 큐레이션의 중요한 역할 중 하나는 다양한 작품이 공간 안에서 어떻게 하나의 흐름으로 이어지도록 하는지를 구상하고, 물리적인 공간과 시간 속에서 이것이 어떻게 보는 사람과 상호작용을 하도록 기획하는 것이라 봅니다. 저는 예배 공동체인 복스가 스스로를 '예배 건축가'라고 설명한 것을 본 적이 있습니다. 건축가로서의 당신과 복스는 어떻게 공간과 환경을 상상하는지, 어떤 관점에서 그것들을 보고 있는지 얘기해주세요.

스티브 | 먼저 앞서 언급한 것들이 명확한 목적을 가지고 했던 활동들은 아닙니다. 다만, 더듬어가며 우리의 길을 만드는 과정이었다고 말할 수 있겠네요. 몇 가지 기억에 남는 작품이 있습니다.

---

2 www.smallritual.org

- 셀프 스토리지Self Storage(1995)[3]: 왕립예술대학Royal College of Art의 브라이언 이노Brian Eno와 로리 앤더슨Laurie Anderson이 큐레이션하여 웸블리Wembley에 설치한 작품입니다. 미로같은 개인 창고들을 걸으면서 온갖 종류의 설치물을 볼 수 있도록 구성되어 있습니다. 공간 자체가 매우 거대하여 작품을 모두 보려면 꽤 오랜 시간이 필요합니다.

- H.G.(1995)[4]: 클링크 스트리트Clink Street의 버려진 지하실을 사용한 작품입니다. 관람객은 아무 설명도 없이 작은 문을 통해 지하실로 초대됩니다. 그곳에 에드워드 7세 시대의 느낌이 나는, 방금 전까지 식사를 하던 사람들이 황급히 사라진 것 같은 다이닝룸이 있습니다. 이후 관람객은 이곳과 연결된 문들을 따라 정교하게 구성된 신비한 여정에 오르게 됩니다.

- 마이크 넬슨Mike Nelson의 작품들: 그의 작품은 위에 설명한 〈H.G.〉처럼 관람객에게 어떠한 설명도 제공하지 않습니다. 그저 문을 열고 들어가면 전혀 다른 세상과 마주하게 될 뿐입니다. 관람객은 작품을 이해하는 단서를 찾기 위해 그곳에 놓인 모든 물건을 면밀하게 봐야합니다. 그곳에 놓인 물건

---

3 www.independent.co.uk/arts-entertainment/open-wide-this-wont-hurt-a-bit-1614419.html

4 www.independent.co.uk/arts-entertainment/art/beyond-caverns-beckon-the-darkness-lit-in-pools-1601825.html

중 일부는 의미가 있지만, 전혀 의미 없이 놓인 물건들도 있습니다.

이 작품들은 비슷한 이야기의 흐름을 갖고 있습니다. 관람객은 단서를 찾아내고, 쓸모없는 것과 그렇지 않은 것 사이에서의 의미을 고민합니다. 그들은 이 다음에 무엇이 나타날지 전혀 알 수 없습니다. 이 구성은 서로 다른 조각과 사건이 어떻게 하나의 여정으로 연결될 수 있는지를 보여주는 것입니다. 여기 사용된 물건들은 결코 특별하지 않습니다. 의자, 물병, 시계, 신문 등 매우 평범한 현실의 물건들입니다. 이 작품들은 일상의 평범함을 통해 새로운 의미를 만들어내는 방법을 보여줍니다. 이것이 이 작품들의 바탕이 되는 사고방식입니다. 세속적인 공간에 의미를 부여하는 것이죠. 이 작품들은 사람들에게 누구나 이런 작업을 할 수 있음을 말해주는 것이기도 합니다.

건축가의 입장에서, 큐레이션은 공간을 사용하는 기술보다는 각기 다른 것들을 일관되게 담아낼 수 있도록 '편집' 하는 기술을 더 필요로 한다고 봅니다. 그레이스에서 예배를 만들었던 경험에서 얻을 수 있는 것은, 우리의 아이디어를 사용하여 그곳에 채워질 것들에 일관성을 부여하는 편집의 중요성이었습니다.

거시적 차원에서, 디자인은 문제 해결의 기술입니다. 디자이너는 분석과 질문으로 시작합니다. 사용자가 원하는 것, 그들이 필요로 하는 것, 사용자 자신도 인식하지 못하는 자신의 진정한 갈망과 필요, 문제 해결을 위한 시간이나 예산과 같은 질문을 던집니다. 그리고 이에 대한 대답을 모아 새로운 형태의 것을 만들어냅니다. 결과물에는 디자이너의 고민의 결과가 담깁니다.

이런 이야기를 들은 적이 있습니다. 어떤 사람이 새로 공장을 짓기 위해 건축가 노먼 포스터Norman Foster를 찾아왔습니다. 포스터는 새로운 공장을 디자인하기 위해 그 공장이 기존에 어떻게 일을 했는지, 그 공장 조직은 어떻게 운영되고 있는지를 면밀히 조사했습니다. 조사를 마친 후, 그는 공장을 새로 짓는 것이 아닌, 기존의 제조 공정을 재설계하는 방식을 선택했습니다. 포스터는 의뢰인도 몰랐던 사실, 즉 새로운 공장이 필요한 것이 아니라 공정의 변화가 필요하다는 것을 발견한 것입니다. 이처럼 디자이너는 문제를 객관적으로 보는 능력이 있습니다. 더 넓은 관점에서 문제를 보고, 문제에 대한 다른 해결책, 기술 또는 규제의 변화, 사람들이 살아가는 방식에 영향을 끼칠만한 변화와 같은 변수들을 고려합니다. 건축은 미래지향적 작업입니다. 건축가들은 아직 오지 않은 미래에 필요한 것을 고려하는 일입니다. 그렇기에 만약 여러분이 '건축'을 해야 하는 상황이 된다면, 먼저 어떤 모습의 세상을 상상하고 있는지를 생각해야 합니다.

저는 이러한 건축계의 관점을 교회에 적용하여, 교회를 '디자인 과제'로 보는 관점을 제안하고 싶습니다. 교회가 당면한 문제를 분해하고, 분해된 조각들을 관찰하고, 이 조각들이 다른 방식으로 조립될 수 있는지를 확인하는 것입니다. 새로운 상황에 대응하도록, 새로운 미래를 상상할 수 있도록 말이죠. 결과를 모르는 상태에서 탐험하는 것은 즐거운 일입니다. 이것은 신학적 이유를 기반으로 교회의 형태를 설정하는 것과는 완전히 다릅니다. 대체로 교회는 '우리는 하느님 보시기에 이미 완벽해!' 라고 생각하는 경향이 있습니다. 하지만 저는 오히려 하느님께서는 탐험을 즐기기를 원하신다고 생각합니다.

공간과 사물은 우리의 행동을 만드는데 영향을 줍니다. 이는 그것이 만들어질 당시의 유행과 경향이 구체화된 것이기 때문입니다. 그렇기에 공간과 사물을 바꾸면 우리가 실제로 할 수 있는 것과 할 수 있다고 믿는 것도 바뀝니다. 극장이라는 공간은 사람들을 배우와 청중으로 나눕니다. 2인용 테이블과 20인용 테이블은 다른 사회적 상황을 만들어냅니다. 편안한 소파와 공원 벤치는 옷차림에서부터 신학적 의미까지, 각기 다른 반응을 만들어냅니다. 이것이 설치 예술의 특징이기도 합니다.

조니 | '누구나 이런 작업을 할 수 있다'는 메시지가 맘에 듭니다. 저도 다른 이들에게 그렇게 말하거든요. 하지만 이를 위해서는 분명히 큰 용기가 필요하겠죠. 대안적 예배 운동은 이제 막 시작한 것과 다름없다고 봅니다. 그래서 아직 많은 관심을 받지 못하고 있지만, 분명 새로운 세상을 만드는 하나의 방법이 될 것입니다.

당신의 웹사이트에서 볼 수 있는 대안적 예배의 사진들은 정말 중요한 자료들입니다. 그 사진들은 사람들의 기억을 돕고 상상력을 자극하거든요. 지금까지 굉장히 많은, 정말 말 그대로 수

백 번의 예배, 전시, 행사를 경험했을 텐데 특별히 기억에 남는 것이 있나요?

스티브 | 사람들은 웅장하고 복잡한 것에 압도되는 것 같습니다. 또 사람들은 교회처럼 권위에 대한 복종을 중요시 여기는 곳에서는 자신을 과소평가하고 한계를 정하는 경향이 있습니다. 그래서인지 사람들은 교회에서 새로운 시도를 적극적으로 고민하지 않습니다. 우리 스스로가 교회에 주인 의식을 갖지 않는다면 앞으로도 이런 상태는 계속 되겠죠. 마치 의학적 지식과 건강 사이의 관계 같다고 생각해요. 의학적 지식이나 소견은 얼마든지 얻을 수 있지만, 결국 건강을 관리해야 하는 건 자기 자신이니까요.

제가 예배를 카메라에 담기 시작한 이유는, 한 시간 정도 존재한 뒤 사라져버리는 아름다움을 포착하고 싶어서였어요. 사진 없이 우리가 하는 일을 사람들에게 전하는 것이 어렵기도 했고요. 우리가 하는 일에 대해 아무리 이야기해도 사람들은 잘 이해하지 못했습니다. 백문불여일견이라고, 말로 설명하는 것보다 우리가 한 일을 담은 멋진 사진을 보여주면 이야기가 달라지죠.

후세를 위해 기록을 남기는 것이 중요하다고는 생각했지만, 사실 처음에는 제가 남긴 예배 기록이 어떤 영향을 가져올지는 전혀 예상하지 못했습니다. 그런데 미국 위스콘신, 호주 울릉공 등에서 "어떻게 하면 우리도 이렇게 할 수 있을까요?"하는 메일이 도착하기 시작했어요. 당연히 어렵지 않다고, 당신도 할 수 있다고 이야기 해줬습니다.

개인적으로 기억에 남는 예배를 이야기 하면, 복스에서 드렸던 예배, 〈속된 것들 안에서 만나는 하느님 God is found in the shit〉을 빼놓을 수가 없겠네요. 이 예배는 정말 경계를 부수는 최고의 경험이었습니다. 교회의 금기를 무너뜨리는 충격적인 경험이 오히려 깊은 감동이 되는 예배였어요. 그간 교회가 불경하다고 여겼던 것, 더럽다고 여겼던 것을 교회 안으로 가져와 그것을 통해 불편한 진실을 이야기했기 때문입니다. 저는 또 터무니없는 이미지와 행위를 전시하는 '바보들의 배'에 대해 기사를 쓰기도 했습니다. 이 작품의 중심은 십자가를 향한 예수의 여정을 표현한 현대무용입니다. 이는 교회 공간 전체를 활용하여, 정말 극도의 긴장감을 선사하는 무대였어요. 그 분위기를 깰 수 없어 사진을 더 많이 찍지 못한 게 아쉽습니다.

라비린스 데이 Labyrinth Day 는 세인트폴 대성당 St. Paul's Cathedral 의 주요행사입니다. 여기서의 제 특별한 경험은 라비린스에 누워 성당의 천장을 올려다봤던 일입니다. 바닥의 라비린스로 인해 대성당 공간을 거실이나 다른 여가 공간처럼 활용할 수 있었습니다. 그곳에서 여유롭고 편안하게 생각에 잠길 수 있었죠. 다른 글에서 이야기 한 적이 있는데, 케임브리지 킹스 칼리지 채플 King's College Chapel, Cambridge 에서도 비슷한 경험을 했습니다. 이는 교회 공간에 대한 색다른 경험입니다. 우리는 일반적으로 교회 공간을 활용할 수 있는 방식에 대해 생각하지 않습니다. 주로 우두커니 서있거나, 혹은 불편한 의자에 앉아 이야기를 듣는 방식으로만 교회 공간을 경험합니다. 우리에게 교회는 집처럼, 우리가 편하게 머물며 시간을 보낼 수 있는 장소로 기능하지 못합니다. 저는 세인트폴 대성당의 돔 밑에는 쿠션과 소파가 항상 있어야 한다고 생각합니다. 그렇게 된다면 사람들은 하느님의 집에 대해 다른 생각을 할 수 있을 것입니다.

세인트폴 대성당의 라비린스에 누웠던 경험은 사실 좀 극적인 경험이라 할 수 있는데, 이와는 대조적인 경험도 있습니다. 바로 1999년 그레이스의 홈커밍Homecoming 예배입니다. 이 예배는 렘브란트Rembrandt의 작품, 〈돌아온 탕자the Return of the Prodigal〉에 관한 헨리 나우웬Henri Nouwen의 글을 기반으로 기획된 예배였습니다. 이 예배는 크고 어두운 교회 안에 작품과 초를 배치하고, 각 작품의 세부사항에 집중할 수 있도록 구성되었습니다. 이곳에서의 명상과 고요함이 얼마나 좋았는지를 보여주는 사진이 두 장 뿐이라 좀 아쉽네요. 저는 이 곳에 〈진북True North〉이라는 작품을 설치했습니다. 이 작품은 지도 위에 나침반과 자석을 놓은 형태였는데, 이 지도는 세인트폴 대성당의 라비린스의 일부였어요. 그리고 이것이 웹사이트 '스몰리추얼'의 시작이었습니다. 홈페이지에 나침반 로고가 있게 된 것이 이것 때문입니다.

조니 | 당신이 웹사이트에 올린 것을 보면, 우리의 문화 속 예배 공간을 독특한 방식으로 다시 생각하게 되는데요, 특히 인상저이었던 것은 테이블, 많은 사람이 한 테이블 주변에서 드리는 예배에 대한 아이디어가 인상적이었어요. 아주 전복적이었습니다. 또 휴

대전화나 다른 네트워크를 통해 영성을 곳곳에 송신한다는 아이디어도 재밌었습니다. 이런 풍부한 상상력의 원천은 무엇인가요? 예배를 구성하고 설치 작품을 만드는 것은 노력이지만, 아이디어를 얻는 것은 개인적 차원의 일이라 더 궁금합니다. 창의성의 근육을 키우고 늘 명민함을 유지하는 방법이 궁금합니다. 또, 웹사이트에는 도발적 아이디어가 많은데, 이에 대한 실현 계획, 특별히 이 도시에서 이를 실현하실 계획이 있으신가요?

스티브 | 제 아이디어 중 대부분은 다른 영역의 것을 교회에 맞게 응용한 것입니다. 예를 들어, 장소에 구애받지 않고 개인 노트북 컴퓨터를 사용하여 어디서나 일을 할 수 있는 회사에는 개인을 위한 테이블이 없습니다. 중간에 큰 테이블이 있고, 이것을 책상으로 이용합니다. 이 책상에서는 식사를 하기도 하고요. 가구를 새로 구입하지 않아도 공간을 다양하게 사용할 수 있음을 보여주죠.

네트워크와 관련해서는 이미 오래전부터 존재했던 유비쿼터스 컴퓨팅 아이디어를 적용한 것으로, 1960년대 건축이론과 저의 일상과 작업에서 얻은 아이디어를 연결시킨 것인데요, 이 안에 어떻게 영적인 것을 넣을 수 있을지를 고민했던 것입니다.

중요한 것은, 제가 이런 아이디어를 교회에 적용했다는 것입니다. 교회의 건물과 전례는 문화와 기술 발전의 흐름에서 단절된 느낌이 있습니다. 어디서나 네트워크에 연결될 수 있게 된 시대의 변화가 쇼핑이나 일, 스포츠와 예술에 어떤 영향을 주었는지 탐구하는 것을 새롭다고 생각하는 사람은 없을 것입니다. 그런데 영성의 영역에선 좀 다릅니다. 영성이라고 하면 첨단의 기술과는 좀 다른, 오랜 시간 변하지 않는, 삶과는 좀 거리를 두고 있는 어떤 것이라 생각하는 것이 일반적입니다. 물론 역사적 지혜를 보존하는 것과 무분별하게 변하는 사회를 비판하는 것은 필요한 일이지만, 전통에 안주하여 현실에서 도피하는 그리스도교는 생명을 잃게 될 것입니다.

대안적 예배에는 두 가지 선이해가 필요합니다. 첫째는 당신의 모든 삶이 그저 하나의 사건이 아니라 '교회'라는 것이고, 둘째는 당신이 가진 모든 능력이 신앙의 표현이 될 수 있다는 것입니다. 자신의 삶과 교회 사이에 한계를 정하고 경계를 그어 분리하지 않아야 한다는 것이죠. 저는 기업 인테리어 전문가입니다. 제가 하는 일은 계층구조를 단순화하고, 유동성을 끌어올려 더 많은 개방성을 만들어내고 이를 통해 조직의 작업환경을 개선하는 것입니다. 다시 말해, 사람과 공간, 행동, 기술 사이의 관계를 다루는 일이라 할 수 있습니다. 다른 조직과 마찬가지로 교회도 변화하며 앞으로 나아가야합니다. 저는 이를 위해 제 경험과 지식을 교회에 적용하는 것입니다.

세속 조직은 고객과 직원에게 조직을 더욱 매력적이게 보이도록 하기 위해, 더 높은 생산성을 이끌어내기 위해 많은 시간과 돈을 씁니다. 만약 교회도 이렇게 한다면 어떨까요? 아마 놀라운 결과를 볼 수 있을 것입니다. 교회는 자신들이 누구이며 무엇을 해야 하는지에 대해 아주 제한적인 생각에 갇혀 새로운 생명력으로 가득한 미래를 만드는 것 보다 과거의 영광을 유지하기 위해 더욱 노력합니다. 지난 10여년 사이에 만들어진 멋진 새 교회 건물들이 있습니다. 그러나 건물 내부는 여전히 실망스럽습니다. 왜냐면, 여전히 오래된 교실과 같은 획일화된 구조를 하고 있기 때문입니다. 제가 교회 건축에 참여했던 경험이 있습니다. 저는 이 과정에서 조직적, 전례적 구조를 바꾸는 시도를 하고 싶었습니다. 마치 앞에서 언급한 노먼 포스터가 고객의 제조과정을 새롭게 만든 것처럼 말이죠. 하지만 불가능했습니다. 겨우 사용할 글꼴 하나 바꾸는 일에도 합의까지 5년이나 걸렸습니다. 그래서 저는 탁상공론에서 빠져나왔습니다. 아이디어를 얻기 원한다면, 밖으로 나와야 합니다. 이것이 중요합니다.

조니 | 예배와 교회를 디자인 문제로 인식하는 것에 대한 이야기를 좀 더 해볼까요? 대체로 사람들은 대안적 예배라고 하면, 겉으로 보이는 부분에 주목하는 경향이 있습니다. 〈얼터너티브 워십 alternativeworship.org〉의 편집자로 활동하면서 자신의 예배를 소개해 달라는 많은 사람의 연락을 받으셨을텐데요, 모든 사례를 다 소개할 수는 없었겠지요. 그중에는 스타일의 문제가 아니라, 가치관이나 진행 과정 때문에 이곳에 소개되지 못한 예배도 있을 것 같습니다. 이 얘기를 좀 듣고 싶습니다. 이것도 큐레이션과 관련된 부분이라고 생각하거든요. 대안적 예배의 가치와 과정에서 중요하다고 여기는 것은 무엇인가요? 큐레이션은 이러한 가치의 연장선에 있는 것인가요?

스티브 | 예배를 소개해달라는 요청이 오면, 저는 먼저 정말 모든 것을 동원하여 그 공동체의 구조와 가치를 나타낼 수 있는 자료들을 찾아봤습니다. 대안적 예배에서 중요한 것이 바로 구조와 가치라고 생각했기 때문입니다. 드러나는 스타일도 물론 중요하죠. 스타일은 사고방식을 보여주기 때문입니다. 제가 이벤트 사진을 보는 것을 좋아하는 이유가 바로 이 때문입니다.

그러나 스타일 그 자체에만 무게를 두면 안 됩니다. 함께 두기에 어색한 것들을 조합하여 배치하면 독특한 스타일을 만들 수는 있습니다. 그런데 더 중요한 것은, 이것을 맡은 사람이 누구인지, 이것이 어떤 맥락에 놓여있는지, 누가 함께 이것을 기획했는지, 함께 기획한 이들은 자신들을 누구라 부르며 그 작품을 무엇이라 명명했는지 하는 질문들입니다. 즉, 어떤 방식으로 가치가 전달되는지가 더 중요합니다.

대안적 예배는 하나의 스타일로 정의되기 어렵습니다. 느낌과 본능이 필요한 영역이라고 할까요? 어떤 예배는 보이는 것만으로는 대안적 예배로 보기 어렵지만, 모든 것을 종합했을 때 대안적인 예배로 여겨지기도 합니다. 또한, 얼핏 보기에는 대안적 예배의 핵심 요소가 잘 큐레이팅 된 것처럼 보이는 예배도, 살펴보면 대안적 예배에 부합하지 않은 경우도 있습니다. 겉으로 표현된, 선언된 의도와 그 안에 움직이는 의도가 조화를 이루지 못하는 경우입니다. 뭐, 이것이 마케팅 전략이라고 하면 그럴 수도 있겠죠.

하지만 이런 과정은 대안적 예배라는 특정한 현상의 윤곽을 보여주는 웹사이트에 소개할지 여부를 결정하는 것이지, 그 교회나 사람의 가치에 대한 최종적 판단이 아닙니다. 그저 대안적 예배 운동과 맥락이 다를 뿐, 그들이 하느님 나라에서 저희보다 큰 사람일 수 있습니다. 대안적 예배 운동은 다양성을 필요로 합니다. 많은 사람들이 이 다양성 속에서 움직이고 있고요. 그래서 저는 이 운동이 더 포용적이기를 바랍니다.

제 개인적 기준에서, 대안적 예배의 열쇠는 평탄한 계층구조와 높은 수준의 자유, 구성원 간의 신뢰입니다. 이것이 잘 갖춰진 공동체가 만들어내는 일은 단지 한두 사람의 일이 아니라 공동체의 성격을 잘 보여줍니다. 겉으로 드러나는 것은 한두 사람일 수 있어도, 사실은 매 순간 다른 이들이 보이는 것이죠. 이런 공동체에서는 누구나 자신이 원하는 사람이 될 수 있습니다. 그렇기에 자신이 원하는 방식으로 참여할 수 있고, 그렇게 참여하도록 서로를 격려합니다.

큐레이터의 중요한 역할이 바로 이것입니다. 누구나 동등한 수준에서 기여할 수 있는 장을 만들어내는 것이죠. 큐레이터의 리더십은 아랫사람에게 하듯 '너도 한 번 이렇게 해보라'고 허락하는 것과는 다릅니다. 큐레이터의 리더십은 그 장을 보호하는 것이라 할 수 있습니다. 그 장을 독점하려 하는 시도와 될 대로 되라는 방종으로부터 보호하는 것입니다. 이런 리더십은 전통적인 리더십이 가지는 단점을 보완합니다.

'리더십'이라는 말이 오해의 소지가 있을 수 있겠네요. 큐레이터가 전통적 리더, 조직하고 지시하는 기능을 하는 사람이기는 합니다. 그러나 그것이 항상 동일한 개인의 역할이어야 할 이유는 없습니다. 공동체 구성원 각자가 자신의 리더십을 가지고 조직하고 지시할 수 있어야 합니다. 이를 통해 그 공동체가 풍성해지는 것입니다. 하느님은 복잡합니다. 우리 역시 그렇고요. 그렇기에 한두 가지의 접근방식만으로는 충분할 수 없습니다.

그리스도교 역사 전반에 걸쳐 하느님 나라에 대한 상반된 이해의 대립이 있었습니다. 하느님 나라를 로마의 치리 구조와 유사하게 이해한 군주적 모델과 이에 대항하여 하느님 앞에서 모든 인간은 평등하다는 가치를 내건 평등 모델이 있었습니다.

후자의 견해를 뒷받침하는 것은 성서가 전하는 이야기, 즉 연약한 자, 소외된 자를 통해 지배 계층을 전복하는 이야기입니다. 이 이야기의 정점에는 자격증 없는 랍비 예수와 출신을 알 수 없는 그의 제자들이 있습니다. 하느님은 학식 있는 이들에게는 숨어계시고 어린아이들에게는 자신을 드러내십니다. 저에게 대안적 예배는 후자의 전통, 그리고 그 전통의 기반이 되는 성서의 이야기와 맞닿아 있습니다. 하느님은 누구를 통해서도 일하실 수 있습니다. 그렇기에 우리는 다름에 좀 더 귀를 기울여야 합니다. 저 또한 이 접근방식의 수혜자입니다. 건축가가 예배에 대한 이야기를 할 수 있으려면, 모두에게, 서로 다름에 열려있어야 하니까요.

조니 | 평등주의 모델을 기반으로 하는 그룹이 이끌어낸 결과는 정말 아름답습니다. 그러나 이런 그룹은 많지도 않고, 크지도 않은 것 같습니다. 그 이유는 무엇일까요? 어쩌면 사람들은 참여하기보다는 소비하기를 원하는 것일까요? 또 이런 모델을 기반으로 하는 그룹의 형성이 교회의 전반적인 활동을 더 넓은 차원으로 확장하거나 갱신할 수 있을까요?

스티브 | 작은 그룹일수록 더 역동적으로 일합니다. 정치나 예술에서 일어나는 변화의 대부분은 작은 그룹의 헌신이 깔려 있습니다. 작은 그룹에는 구경꾼이 없습니다. 초대교회가 역동적이었던 이유 역시 작은 그룹이었기 때문이라 생각합니다.

　　그리고, 변화와 새로움을 위해 움직이는 그룹은 필연적으로 규모가 작습니다. 많은 이들이 현상 유지에 만족하기 때문에, 변화를 위한 움직임에 참여하지 않기 때문이죠. 현상 유지는 우리를 경직되게 합니다. 이 경직된 사고가 새로운 아이디어를 불안한 것으로 느끼게 하는 원인입니다. 여기에 더해 기득권은 새로운 아이디어의 활동을 막기 위해 그것을 기괴한 것으로 보이게 하고요. 더 큰 변화의 불꽃을 틔우기 위해서는 오랜 시간 불안함을 견디며 기꺼이 전복적이라고 비난받을 수 있는 준비 된 소수가 필요합니다. 낯선 변화는 선구자들뿐만 아닌 많은 사람의 마음속에서도 받아들여질 수 있어야 합니다. 그래야만 진정으로 가능한 대안이 될 수 있습니다. 이를 위해서는 변화의 희망을 놓지 않는 끈기가 필요합니다.

대부분의 사람들은 그저 와서 만들어진 것을 소비하기만을 원합니다. 저만해도 그렇습니다. 아무것도 하지 않고 보기만 하는 것이 쉽고 편하거든요. 그런데 그룹이 작다면 소비만을 위해 그룹에 참여하는 것이 불가능합니다. 그래서 변화를 만들어내는 그룹의 성장이 어렵습니다. 악순환이라고 볼 수 있겠네요.

변화를 위해서는 우선 예배에 대한 생각을 바꿔야 합니다. 예배를 드린다는 것이 누군가가 기획한 공연에 참가비를 내고 그것을 관람하는 것이 아님을 알아야 합니다. 지금까지의 전통은 '전문가'가 우리를 위해 일하도록 하는 형태였습니다. 이 전통이 우리를 수동적으로 만들었고요. 그러나 우리의 삶에 함께 책임을 다하기 위해, 저는 공동체가 변화하기를 바랍니다. 그리고 대안적 예배가 이를 위한 방법이 되기를 바랍니다. 우리는 우리 자신보다 더욱 큰 무언가를 해야 합니다.

조니 | 당신은 대안적 예배에 대한 많은 기록을 남겼는데, 아마 이를 기록하면서 이 운동에 대한 아주 깊은 안목을 갖게 되었을 것 같네요. 온갖 실험과 신학적 과제, 대화, 네트워크, 창의적 예배 중에서 앞으로 어떤 것이 계속 존재할 수 있을까요? 대안적 예배의 유산으로 어떤 것들이 남게 될까요?

스티브 | '유산'은 끝나고 남은 것이라는 의미인데, 우린 아직 끝나지 않았습니다. 약 20년 정도 지속해온 대안적 예배 운동이 이제야 그 영향을 발휘하기 시작했거든요. 우리에겐 끈기가 필요합니다. 끈기는 존중을 만들어냅니다. 우리가 대안적 예배 운동을 멈추

지 않아야 그 안에 담긴 가치가 발견되고, 그 가치가 더 발전할 수 있고, 그렇게 다른 사람에게 우리가 중요하게 여기는 가치를 전할 수 있게 됩니다.

우리는 한 가지 확실한 사실을 보여줬습니다. 교회 예배가 어떤 형태에 묶이지 않아도 된다는 것입니다. 우리의 고민을 시작으로, 이제 예배에 대해 고민하는 사람은 더는 특정 형태에 얽매이지 않게 되었습니다. 또 한 가지 우리가 보여준 것은 공동체가 스스로 자신의 신앙을 표현하는 방식을 만들어낼 수 있다는 사실, 특히 사제나 전문가만이 공동체의 신앙 표현을 만들어내는 권위를 가지지 않았다는 사실입니다. 우리 모두가 신앙 공동체를 지탱합니다. 각자의 역할과 방법을 가지고 말입니다.

이 시대가 준 선물이 있다면, 평신도가 제도로부터 독립하여 공동체를 조직하고 담론을 형성하고 이를 엮어낼 수 있는 수단이 많이 있다는 사실입니다. 이것은 앞으로도 계속 유지될 것입니다. 이러한 변화는 대안적 예배의 영향이라기보다 인터넷의 영향이긴 합니다만, 대안적 예배는 일찍이 이런 흐름을 만들어 왔습니다. 대안적 예배가 추구한 제도의 기능은 명령과 통제가 아닌, 네트워크와 개인의 창의성을 수용하는 방식이었기 때문입니다. 그리고 이것의 결과가 '배교'나 '이단의 형성'으로 이어지지 않았음도 확실히 보여주었습니다.

저는 이러한 시대의 흐름이 지금의 권력 구조를 유지한 채로 평신도의 참여를 지금보다 조금 더 독려하는 것에만 활용되어,

결국 기존의 구조와 감각이 약간 개선되는 정도의 변화에 그칠까 염려됩니다. 저는 교회가 박제와 통제에서 벗어나기를 바랍니다. 교회가 현재 마주한 일이 잘 풀리지 않을 때, 언제나 가장 최우선적 수단으로 대안적 예배를 떠올릴 수 있기를 바랍니다. 마치 펑크 음악처럼 말이죠.

'예술가-큐레이터'의 등장
로라 드레인

조니 | 로라, 당신은 어떤 그룹 혹은 큐레이터와 협력해서 전시회나 이
 벤트를 하고 있는 것으로 알고 있어요. 예술계에서 말하는 큐레
 이션은 제게는 새로운 개념인데요, 잘 이루어진 큐레이션의 몇
 가지 예를 소개해주시면 좋겠습니다. 그리고 큐레이터가 하는
 일이 정확이 무엇인지도 말씀해주시겠어요?

로라 | 저는 지역사회에서 예술, 문화 프로젝트의 관리와 기획을 주로
 하고 있어요. 극단이나 연주자들, 갤러리와 함께 일하기도 하죠.
 제가 큐레이터로 일하는 경우도 있고, 다른 큐레이터의 기획에
 따라 일하기도 합니다

 큐레이터는 문자적으로 '보호자' 혹은 '돌보는 사람'을 의미
 합니다. 박물관이나 갤러리에서 소장품들을 지키고 관리하는 사

람을 말하기도 하고요. 큐레이션을 새로운 개념이라고 말씀하셨는데, 사실 예술에서의 큐레이션은 아주 오랜 역사가 있습니다. 물론 우리가 알고 있는 의미와는 조금 다르긴 하지만, 적어도 헌신적인 수집가와 보호자라는 역할은 르네상스 시대 이후부터 존재했습니다. 아마 훨씬 이전의 시대인 로마, 그보다 더 먼 이집트 시대에도 이런 역할이 존재했으리라 생각합니다. 큐레이터라는 용어의 의미의 변화를 보면, 과거에는 큐레이터가 '보호자'라는 측면에서 수집, 유지, 보존, 전시, 관리를 담당하는 사람을 지칭하는 말로 사용되었다가, 이제는 '해설가' 혹은 '프로그램 기획자'라는 의미로 사용되고 있습니다.

제가 일하는 영역에서의 큐레이션은 개인이나 그룹으로, 전문가 혹은 자원봉사자가 기존 소장품이나 작품 혹은 특별히 의뢰된 작품을 사용하여, 갤러리와 같은 특정 공간이나 축제와 같은 상황을 만들어내는 것을 말합니다. 꼭 예술 뿐 아니라 다른 영역에서도 큐레이션이 이루어집니다. 주로 어떤 집단의 대표가 큐레이터의 역할을 합니다. 예를 들어, '가족의 큐레이터'라고 하면 떠오르는 사람이 있지 않나요?

이처럼 큐레이션은 공간, 시간, 예산 등 모든 실질적인 것을 고려하여 새로운 것을 만들어내는 종합적 시도입니다. 어떤 큐레이터는 자신이 직접 하나하나 일을 하는 경우도 있고, 어떤 큐레이터는 다른 이들과 분업하기도 합니다.

큐레이터가 일하는 영역과 방식은 여러 가지가 있습니다. 아주 손쉬운 방식도 있고, 또 어떤 방식은 구체적인 상황으로 인해 매우 까다롭기도 합니다. 한 예로, 제가 과학 관련 행사에 관여한 적이 있는데, 저는 예술계 큐레이터의 관점에서 박물관이 소장한 물건을 전시하는 방식을 사용하면 괜찮겠다고 생각했어요. 그런데 이 행사를 주관하는 큐레이터는 '공학 전문 큐레이터'였습니다. 저와는 아주 다른 영역과 방식을 활용하는 사람이라 저와는 많이 달랐던 기억이 납니다.

정리하자면, 큐레이션은 그저 공간에 작품을 깔끔하고 근사하게 배열하는 것이 아니라, 작품에 이야기를 담아내고, 메시지를 전하고, 관람객를 이 여정에 초대하는 방법을 고민하는 것이라 할 수 있습니다. 이를 예배 큐레이팅과 연결시킨다면, 개인적으로 가장 감동적이고 의미 있었던 예배 경험은 큐레이터가 역할을 제대로 했다고 여겨지는 예배였어요. 예배의 틀과 그 공간과 질서가 하나가 되고, 그곳에 온 사람들을 강제하지 않으면서 그 예배의 주제를 해석할 수 있도록 하는 예배였습니다. 하지만 실제 현실에서는 규범과 개방성 사이의 간극이 매우 크다는 것을 고려해야 합니다.

좋은 큐레이션의 예를 물어보셨는데, 이를 설명하기 위해서는 반대로 나쁜 큐레이션이 무엇인지를 이야기 하는 게 더 쉬울 것 같습니다. 나쁜 큐레이션은 정보의 흐름과 탐험을 방해합니다. 그저 작품들을 모아놓는 것이 전부인 큐레이션이 이에 해당합니다. 이와 반대로 좋은 큐레이션은 의미와 메시지를 전달하고 질문을 이끌어냅니다. 좋은 큐레이션은 직접 보이지 않지만, 그 안에서 묵직한 의미를 발견할 수 있도록 하는 것입니다.

제가 경험했던 좋은 예가 있습니다. 물론 제 경험이 모두에게 동일한 느낌을 전해줄지는 의문이지만요. 인정하기 싫지만, 관람객의 입장에서 미피Miffy 전시회는 정말 즐거웠습니다. 빅토리아 알버트 박물관의 카일리Kylie 전시회도 그랬고요. 참여자 중심으로 구성되었던 멜트다운 페스티벌Meltdown Festival도 저에게는 좋은 전시회였습니다. 참여자가 중심이 되는 콘텐츠를 좋아하는지 여부와 관계없이, 좋은 큐레이션을 통해 만들어진 전시회는 놀라움을 줍니다.

저에게 최고의 큐레이션은 식별, 분류, 해체와 재구성, 설명, 이야기, 재배치가 잘 이루어진 것입니다. 지금 이 인터뷰가 저에게는 아주 흥미로운데요, 마치 업계 내부의 이야기를 외부인이 들여다보는 느낌이기도 하고, 한 영역의 용어를 다른 영역으로 끌어오는 느낌입니다. 자유롭기도 하고, 매끄럽지 않고 불분명하게 보이지만 아주 좋습니다. 생각해보면 큐레이터는 문화인류학자와 유사한 것 같습니다. 그들은 세상을 바라보는 견해를 다른 세상에 속한 이들에게 전해줍니다. 우리가 자신의 세계 바깥의 다른 세계에 말을 건네기 위해서는 문화인류학자, 즉 큐레이터가 필요합니다.

조니 | 큐레이션에 대한 다양한 이야기를 해주셨는데요, 계속 질문을 이어가 보도록 하겠습니다. 큐레이팅은 주로 박물관이나 갤러리

에서 이루어집니다. 이 안에서 큐레이터는 자신을 어떤 역할을 하는 존재로 인식하는지, 또 자신들이 속한 제도에 대해 어떤 생각을 하는지, 이러한 생각이 시간이 지남에 따라 어떻게 변했는지가 궁금합니다. 극단적으로 어떤 큐레이터는 박물관을 예산과 결정 권한을 가진 권력 기관, 스스로 변해야 할 이유를 느끼지 못하는 거대 기관, 그저 사람들의 이목에만 관심 있는 기관, 일상이나 공적 영역과는 상관없는 기관으로 볼 것 같습니다. 이처럼 예술적 전망을 잃어버린 기관에 큐레이터로 취직을 한다는 것은 자신을 그저 상품으로 '판매'한 것이라 볼 수 있겠지요. 하지만, 어떤 큐레이터는 박물관이나 갤러리와 협력하고, 이 기관과 예술가 사이를 중재하고 절충하여 놀라운 것들을 만들어내기도 합니다. 요하네스 클래더스Johannes Cladders가 박물관을 '위험의 공간'이라 이야기한 것처럼[1] 런던의 몇몇 박물관은 아주 실험적인 시도를 많이 하고 있습니다. 하지만 예술계 전반을 놓고 보면 여전히 과거의 모습을 벗어나지 못하고 있습니다. 당신은 예술가와 큐레이터의 상호작용, 그리고 예술계의 기존 관행과 새로움을 절충시키는 것에 대해 어떻게 생각하시나요? 큐레이터는 이 안에서 어떤 역할을 해야 할까요?

저는 교회와 예배에서도 큐레이터의 조율이 필요하다고 봅니다. 교회 바깥에서 만들어진 새로운 예배가 교회 내부에서 수

---

1   Obrist, A Brief History of Curating, p.71.

용되기 위해서는 우리 모두에게 생각의 전환이 필요하겠지요. 저는 바깥과 주변부, 내부와 중심부의 변화가 함께 일어나는 것이 이상적이라고 생각합니다. 중심부의 사람들이 주변부의 사람들과 함께 일하면 변화가 일어나는 것이죠. 그러나 중심부의 사람들이 교회를 실험적인 변화를 기꺼이 수용하는 '위험의 공간'으로 여기는 경우는 몹시 드물죠.

로라 | 이미 아시겠지만, 권력과 통제력은 제도에서 개인으로 옮겨졌습니다. 하지만 좀 더 큰 그림을 봐야합니다. 1970년대는 예술뿐만 아니라 세계 전체가 변하던 시기였습니다. 모든 것, 정말 모든 것이 서로 영향을 주었어요. 이 영향은 결코 작은 것이 아니었죠. 이제 우리 모두는 포스트모던을 살고 있으니까요.

방금 하신 질문을 조금 구체적으로 풀어보자면, 변화에 대한 상호작용에 대한 질문이라고 할 수 있겠네요. 예술계에서 변화에 대한 상호작용은 '예술가-큐레이터' 라는 존재의 등장으로 설명할 수 있습니다.

마침 이번 주 초에 동료들과 음악적 재능에 대해 이야기를 나눈 적이 있습니다. 능력과 숙련도, 창의적 표현이 대화의 핵심이었어요. 이야기를 이어가는 과정에서, 연주자들의 능력이 훌륭하고 표현에 재능이 있어도 그들은 어디까지나 '해석자' 이고, 작곡가와 지휘자가 그 음악의 진정한 '원작자' 이며, 각지 그에 상응하는 권위를 가지는 게 아닐까 생각했습니다. 이 생각이 연주자들에게는 좀 모욕적일 수 있다고 생각합니다. 하지만 만약 어떤 음악장르에 중대한 변화가 시작된다면, 그 변화가 해석자인 연주자로부터 올지, 아니면 원작자인 작곡가로부터 올지 궁금해졌습니다. 많은 대화와 생각 끝에, 결국 작곡가가 연주를 하는 것이 최선이라는 결론에 도달했습니다. 아이디어를 가지고 작품을 쓰고, 그것을 구성하여 연주하는 사람이 그 곡의 가장 깊은 의미를 표현하는 사람이라는 것이죠. 실제로 대중음악장르에서 좋은 평가를 받는 밴드들이 하는 일이 바로 이것입니다. 결국, 우리는 창작과 해석 모두에 대한 규칙에서 완전히 자유로울 수 없다면, 아무리 뛰어난 재능이 있다 해도 의미 있는 변화를 이끌어내는 것이 어렵다는 결론을 내렸습니다.

대중음악 이야기를 좀 더 해볼까 합니다. 섹스 피스톨즈Sex Pistols나 조이 디비전Joy Division을 생각해보세요. 이들이 등장하기 전에는 음악적 숙련도나 작곡 기술이 전문 음악가에게 반드시 필요한 것이라고 여겨졌습니다. 그러나 위 밴드들은 '제대로' 악기를 연주하는걸 사치라고 생각했습니다. 이들이 추구했던 것은 음악은 물론, 그것을 아우르는 모든 것들의 스타일, 그리고 이에 대한 접근방식을 새롭게 해석하여 대중음악을 더욱 넓히는 것이었습니다.

저의 동료가 U2에 대한 이야기를 해준 적이 있습니다. U2가 데뷔했을 때, 많은 사람들은 U2를 다른 밴드의 연주를 흉내 낼 실력조차 없는 별 볼일 없는 밴드라고 생각했다고 합니다. 그러나 그들은 누구도 흉내 낼 수 없는 자신들만의 독특한 스타일을 만들었고, 그 스타일대로 연주했습니다. 그 방식은 다른 누구와도 비슷하지 않았어요. 아마 이 때문에 U2가 오랜 시간 사랑받는 밴드가 될 수 있었을 것입니다.

큰 변화를 이끌어내기 위해서는 '꼭 그렇게 할 필요가 없다'고 말하는 사람이 필요합니다. 그런데 이렇게 이야기하는 사람이 기존과 달라야만 한다는 의도를 가지고 있지 않을 수 있습니다. 어쩌면 그는 기존 방식이 무엇인지도 모를 수 있습니다. 그러나 이런 말을 통해 자기도 모르게 규범에 저항하게 되는 것입니다. 어쩌면 이것이 더 긍정적인 창의적 분열일 수 있겠습니다.

이런 생각을 시각 예술에도 적용해볼 수 있습니다. 음악가들과는 달리 대부분의 시각 예술가는 자신의 아이디어를 직접 표현해냅니다. 물론 구성과 제작을 분리하여 팀 형태로 움직이는 데미안 허스트_{Damien Hirst}와 같은 경우는 예외이지만요. 예술가는 자신의 작업을 아이디어 단계부터 완성까지 끝까지 밀고 가며 자신의 작품 활동에 혁명적 변화를 만들 수 있습니다. 이는 단지 새로운 작품을 만드는 것이 아니라, 형태와 스타일을 새롭게 만드는 것을 의미합니다.

그러나 어떤 작품이 영향력을 가졌다고 인정 받는다고 해도 이는 한 예술가의 성과일 뿐, 그것이 다른 사람과의 작업 방식이나 다른 맥락에서 이해되는 방식에 영향을 주는 것은 아닙니다.

그렇다면, 우리가 어떤 작품의 영향력을 더 넓은 차원으로 끌어올릴 수 있는 방법은 무엇일까요? 바로 이를 위해 전시된 작품들에 상황과 맥락이 주는 의미를 부여하여 더 깊은 해석을 끌어낼 수 있도록 하는 큐레이터의 역할이 필요합니다.

한 사람이 예술가이면서 동시에 큐레이터라면 어떤 일이 일어날지 상상해보세요. 자신의 작품을 자신이 큐레이팅할 수 있다면, 그는 장르와 영역을 구분 짓는 한계를 날려버릴 수 있을 것입니다. 예술가-큐레이터의 등장은 변화의 신호입니다. 앤디 워홀Andy Warhol과 그의 스튜디오인 더 팩토리The Factory를 생각해보세요. 영국의 젊은 예술가가 런던 이스트엔드의 낡은 창고에서 자신의 졸업 전시를 위한 작품을 만들고 큐레이팅하는 장면을 상상해보세요. 저는 이것이 바로 새로운 혁명이라고 말하고 싶습니다. 제도에 대한 반동으로, 어쩌면 규범에 대한 무지로, 때로는 진정한 창의적 분열을 향한 갈망으로 이러한 변화는 이미 시작되었습니다.

이러한 변화가 교회와 예배에 어떻게 적용될 수 있을지는 사실 잘 모르겠습니다. 하지만, 교회 안에서 변화를 마주하게 된다면 제가 그것을 다시 예술의 영역에 사용하게 될 수도 있겠지요.

큐레이터의 기능과 역할에 대한 이야기를 좀 더 해볼까요? 큐레이터는 메시지와 매체를 조율하는 역할, 콘텐츠 생산 구조 관리, 작품 기획과 선정, 전시 방법에 대한 기획, 예술가와 대중, 창작자와 참여자의 상호작용 관리를 종합적으로 해야합니다.

최근에는 작품이 품고 있는 이야기를 충분히 전달하기 위해서는 이런 종합적 차원의 접근이 필요하다는 인식이 높아지고 있습니다. 예를 하나 들어보겠습니다. 군함에서 발견된 유물은 그 당시 그 배의 여정과 그 배가 경험한 승리의 이야기일 수도 있고, 또 그것을 만들고 사용한 사람들의 이야기이기도 하고, 어쩌면 패배에 대한 이야기일 수 있어요. 또는 특별한 인종적, 민족적 다양성을 담은 이야기일 수 있죠. 그 배가 노예제도가 있던 시대의 것이거나 하다면요. 큐레이터는 이것들을 모두 종합하여 고려할 수 있어야 합니다.

조니 | 예술가-큐레이터 모델에 대한 설명이 아주 흥미롭습니다. 사실 대안적 예배 영역에서는 이미 많은 예술가-큐레이터들이 존재합니다. 이들을 두고 그가 예술가인지 큐레이터인지를 고민하는 경우가 많지만, 당신의 이야기를 듣다보니 이 둘을 함께 하는 사람이라고 설명하면 되는 것이었네요. 적어도 저는 그렇게 이해했습니다.

큐레이터의 기능과 역할에 대해 이야기를 해주셨는데요, 로라 당신은 자신을 어떻게 이해하고 있는지 궁금합니다. 말씀해주신 역할들은 매우 중요하다고 생각해요. 이러한 역할을 교회 장면에 적용한다면 분명히 강력하고 전복적인 효과가 나타날 것이라는 생각이 듭니다. 그리고 이러한 역할은 신뢰를 기반으로 하는 것이라는 생각도 들어요. 이 과정에서 관계된 모든 이들 사이에 상호 신뢰가 없다면 하나씩 '허기'를 받아야만 일을 진행할 수 있게 될 테니까요.

로라 | 저는 스스로 예술가-큐레이터라고 말하진 않습니다. 큐레이터

이자 프로듀서, 감독, 프로젝트 매니저라고 하기는 해도요. 그런데 상투스원Sanctus1 커뮤니티에서 만큼은 저는 분명히 예술가-큐레이터라고 생각해요. '예술가'라는 말은 제가 전문적으로 활동하는 영역에서 꽤나 무거운 의미를 가집니다. 많은 사람들이 자신을 '예술가 지망생', '예술 활동 담당자'와 같이 소개한다는 것만 봐도 '예술가'라는 말을 당당하게 사용하는 것이 생각보다 어려운 일임을 알 수 있습니다. 여차하면 전문가 여부에 대한 논쟁에 휘말리게 될 것이거든요.

예술가가 창작자이면서 동시에 해석자로 기능할 수 있다면, 큐레이터 역시 같은 방식으로 기능할 수 있습니다. 큐레이터는 주제와 의도를 가지고 작품을 고르고 모아서 전시 안에서 흐름에 따라 배치하는 것으로 이를 해석합니다. 아이디어를 가지고 작품을 모으는 것은 창작이고, 의도를 표현하기 위해 전시를 구성하는 것은 해석입니다.

이렇게 큐레이터와 예술가 모두 각자의 영역에서 자신의 방식으로 목표한 것을 이뤄냅니다. 그렇기에 이런 두 기능을 한 사람이 할 수 있게 된다면 더욱 폭발적인 것을 만들어낼 수 있을 것입니다. 제가 지향하는 바가 바로 이것입니다.

앞서 제도 안에 들어간 큐레이터에 대한 이야기를 했죠. 기관에 소속되는 동시에 자율성을 확보하는 것은 예술계에서도 어려운 일입니다. 교회와 예배 큐레이션에서도 마찬가지라고 생각해요. 기관에 소속된 큐레이터는 '활동할 수 있는 허가'를 받은 것입니다. 기관은 여전히 힘을 가지고 있고, 많은 것을 결정합니다. 그 힘과 결정권을 가지고 개성파 예술가가 기관 내에서 활동할 수 있게 해주기도 했지만, 그렇지 않은 기관들도 여전히 많습니다.

좀전에 큐레이터는 스스로 창작자이며 해석자라고 말했지요. 큐레이터는 주제를 정해서 작품을 모으고, 작품들을 배치하여 새로운 의미를 부여하고, 그것을 해석하여 전시회라는 형태로 표현하니까요. 그들은 이 과정에서 메시지와 매개, 그것의 스타일과 표현 방식 모든 것을 결정할 수 있습니다. 모든 것이 조화를 이루는 전시회는 큐레이터, 예술가, 관람객 모두에게 강력하고 혁신적인 경험을 선사합니다. 최고의 큐레이터들은 언제나 사람들을 의미를 찾아나서는 여정으로 이끕니다. 심지어 사람들이 그 의미를 눈치 채지 못하거나, 아티스트가 그의 큐레이션에 동의하지 못한다고 해도 말이죠.

그렇기에 작품의 선택, 해석, 표현의 방법이 외부의 힘에 의해 규제된다는 것은 좋은 큐레이션이 방해받는다는 것을 뜻합니다. 큐레이션은 개인의 이야기, 경험과 맥락을 반영합니다. 예술가의 과거, 받은 영향, 표현 방식, 의미, 의도하는 반응 등 엉켜있는 맥락과 요소가 큐레이터의 맥락과 결합하여 전시가 구성되고 이는 또 다시 관람객의 맥락과 결합합니다. 정말 아득히 다층적이고 복잡한 과정이지 않습니까?

예술가의 작품에는 그가 전하고자 하는 의미와 의도가 담기기 마련입니다. 큐레이터는 여기에 반응하여 자신의 해석을 넣어 다른 이들에게 전달합니다. 관람객은 그것을 자신의 방식으로 해석합니다. 이처럼 작품 하나에도 다양한 단계가 결합됩니다. 우리가 사는 포스트모던의 방식이 바로 이런 것이죠.

큐레이터는 기관 내에서 책임 있고 전문적인 역할을 담당하는 사람입니다. 그래서 지위와 영향력을 부여받죠. 프리랜서 큐레이터라도 해도 마찬가지입니다. 창의력과 추진력을 갖고 훌륭한 전시를 만드는 큐레이터들에게는 기관의 구조와 내부를 통제하거나 건물과 자금의 흐름을 관리하는 권한 등, 단지 작품을 조율하여 전시하는 것 이상의 권한이 주어지기도 합니다. 그래서 그들의 해석은 영향력이 있습니다.

소장품과 작품이 지닌 이야기를 다시 생각해보는 것은 지난 몇 년간 중요한 주제였습니다. 왜 어떤 작품은 그것이 담고 있는 본래의 이야기와 상관없이 오랜 시간 살아남았고 다른 작품들보다 더 많이 수집되고 사랑받는지 까지도 질문하게 되는 것이죠.

조니 ㅣ 이런 경험들이 상투스원에서 예배를 만드는 것과 어떤 관계가 있는지 설명해주세요.

로라 ㅣ 당신이 '규범을 넘어서는 큐레이팅'에 대해 이야기 한 것을 봤어요. 기관에서 일하는 큐레이터에 관한 이야기였는데, 당신은 그들을 '자신의 야망을 길들이는 곳에서 일하는 사람'이라고 했지요. 당신은 이 이야기를 하면서 앤디 워홀의 전시를 열고자 했던 일을 예로 들었어요. 그것을 시시한 예술장사라고 했고요. 맞습니다. 단지 그들이 앤디워홀의 유명세 때문에 그런 기획을 한 것이라면 시시한 예술장사라고 할 수 있습니다. 창의적인 작업은 끝났고, 자본을 따라 가는 것이죠. 워홀의 작품이 문제라는 것이 아닙니다. 하지만 만약 큐레이터가 그의 작품을 그가 속했던 문화적 맥락에서, 현상을 깨뜨리고자 했던 그의 의도를 살려 큐레이팅 한다면, 그것은 지금의 틀을 깨는 용감한 선언이 될 수 있습니다.

오래된 작품, 유명한 작품은 역사적이면서 현대적일 수 있습니다. 예를 들어, 지금 로열 익스체인지 극장Royal Exchange Theatre에서 그리스 비극 안티고네를 상영하는 것은 약 2천 년 전의 이야기를 오늘날 여성의 사회적 지휘와 권한이나, 전쟁의 정당성 문제에 연결시키는 것이기도 합니다. 어쨌든 요점은, 큐레이팅을 통해 선택된 작품은 특정 문화의 산물인 동시에 다른 문화를 향한 메시지를 담아낼 수 있다는 것입니다.

상투스원 이야기를 해보죠. 저의 경험이 상투스원의 예배에 어떻게 구현되는지를 묻는 질문은 좋은 질문이라 생각해요. 분명히 말하지만, 저의 직장 생활과 교회는 아무 상관이 없습니다. 원래 다들 교회로 들어 올 때 개성이나 기술, 경험 따위는 문 앞에 잠시 내려놓고 오지 않나요? (하하) 물론 농담입니다.

상투스원에 대한 이야기를 하기 전에, 이것은 어디까지나 제 개인의 관점이라는 말씀을 드려야겠네요. 상투스원을 저와 함께 만들어가는 이들은 제 이야기에 꼭 동의하지 않을 수 있거든요.

그리고 우리 공동체 예배 큐레이팅에 저와는 전혀 다른 방식으로 협업하는 사람도 많고요.

저는 상투스원에서 예술가-큐레이터로 작업하는 것을 좋아합니다. 이 역할은 다른 사람들과 함께 콘텐츠를 고민하고 예배를 위한 틀을 만드는 일입니다. 제가 선호하는 방식은 사람들이 예배 기획 단계에 참여하여 주제를 함께 고민하고 탐구할 수 있는 공간을 만드는 것입니다. 저는 다른 이들의 의견을 수용하는 동시에 주도적으로 결정을 내리는 사람이 되고 싶습니다. 그래서 창의적으로 비전을 주도하고 스스로 컨텐츠에 참여하기도 하면서, 다른 이들의 아이디어와 조언을 듣는 방식을 좋아합니다.

표현력, 상상력, 과거와의 연속성을 담아내는 큐레이션의 미래에 대한 셰이크의 생각을 예배 큐레이에 적용한다면, 저는 주제, 아이디어, 질문과 그에 대한 응답, 그리고 신학을 담아내는 것이 예배 큐레이션의 미래라고 생각합니다. 풍부한 상상력과 다양한 감각을 활용하는 방식을 기획하여 실제로 회중이 모든 감각을 사용하도록 기획된 예배를 만들어내는 것이 중요하다고 생각해요. 더불어 제가 큐레이팅하는 예배가 우리의 문화, 즉 상투스원이 큐레이팅한 다른 예배, 상투스원 공동체의 흐름과 연속성에서 벗어나지 않도록 하는 것이 목표입니다.

저는 주로 저에게 영감이 되는 주제를 가지고 작업을 시작합니다. 큐레이팅을 통해 표현하고자 하는 주제와 메시지의 본질을 고민하죠. 주제와 메시지는 주로 대중 문화로부터 얻습니다.

대중 문화에서 교회로 들어오고, 교회가 다시 이야기 해야 하는 그런 주제가 대부분입니다. 광고, 소설, 영화, 음악, 텔레비전 프로그램 등 다양한 매체로부터 주제를 얻어요. 한 예로, 저는 마크 오언_{Mark Owen}의 노래 〈4분 경고_{Four Minute Warning}〉를 들으며 '예수님은 이 땅에서의 마지막 시간에 무엇을 하셨는가?'를 고민합니다. 사우나에 앉아서는 '우리는 진정한 굶주림과 목마름에 이르는 법을 아는가?'를 질문하곤 합니다. 이처럼 우리 가까이에 있는 다양한 것을 통해 주제를 정하고 메시지를 만듭니다.

전하고자 하는 메시지가 결정되면, 그것을 듣는 대상의 맥락을 봐야합니다. 공간, 기풍, 분위기, 동기부여의 필요성 등 맥락이 많은 것을 좌우하기 때문입니다. 예를 들어, 결혼식이나 세례식을 기획하는 것과 상투스원의 저녁예배를 기획하는 것은 완전히 다릅니다. 누가, 무엇을, 언제, 어디서, 어떻게, 왜 맥락에 연결할 것인지를 봐야합니다. 이러한 맥락이 큐레이팅의 초기 단계 설정에 많은 영향을 줍니다.

이 과정에서, 해당 주제와 맥락에 관련이 있는 몇 명의 사람들의 의견을 얻습니다. 혼자 큐레이션을 한 적도 있긴 하지만, 그 결과가 다수의 의견을 종합하여 진행했던 것에 비해 덜 창의적이었고, 제 스스로도 아쉬움이 많았습니다. 혼자 하는 것은 빠르긴 하지만, 그것 말고는 더 나은 것이 없었습니다. 그래서, 다른 이들과 함께 모여 생각을 나누고 서로 질문하고 답하며 주제에 대해 많은 의견을 얻습니다.

이렇게 재료들이 쌓이면, 그때부터는 큐레이터의 몫입니다. 저는 이 재료들을 활용하여 뼈대를 만들고, 이 뼈대의 살이 될 활동, 장치, 설정, 전례, 필요 인원들을 결정하고 이 역할을 하겠다고 자발적으로 신청한 사람들을 선정해서 위임합니다. 상투스원의 예배에서 저는 예술가-큐레이터이긴 하지만, 작업은 그룹이 함께 하는 것이 좋습니다.

사실 제가 정말 영적인 충만함을 경험했던 예배는 대체로 제가 처음부터 끝까지 큐레이션을 하지 않았던 예배였습니다. 상투스원의 구성원들은 종종 오후에 만나 예배를 기획하고 진행합니다. 누가 어떤 것을 가져올지 알 수 없습니다. 제가 큐레이션을 담당하긴 하지만, 예배에 대한 통제권을 가진 것은 아니니까요. 구성원들이 이곳에 가져오는 콘텐츠는 언제나 놀랍습니다. 이를 통해 저의 경계가 넓어지는 경험을 합니다. 이렇게 모인 콘텐츠로 만들어지는 예배는 단순히 부분의 총합이 아닙니다. 이를 훨씬 넘어섭니다. 어쩌면 이 방식이 하느님께서 우리 가운데 역사하실 수 있도록 하는, 하느님께 공간을 내어드리는 방식일지도 모른다고 생각합니다. 저희는 모든 세대가 함께 참여하는 예배인 상투스세컨즈의 예배를 주로 이 방식으로 기획했습니다.

최근 셰릴 로리Cheryl Lawrie와 함께 '찾아가는 예배'를 어떻게 기획할 것인지 이야기를 나눈 적이 있습니다. 셰릴이 이런 이야기를 해주었어요.

"많은 사람들이 예배를 기획하는 과정에서 더 많은 힘을 얻는다는 것을 알고 있잖아요? 그렇게 사랑하는 공동체와 함께 작업하고 형식에 얽매이지 않고 생각과 삶을 나누면서, 우리의 믿음과 우리 자신의 의미를 발견할 수 있다면 우리는 아주 잘 하고 있는 것이죠."

이 말은 예배를 큐레이팅하는 창의적인 작업 안에 이미 풍성함이 녹아있다는 말입니다. 예배에 참여한 이들은 훌륭한 경험을 할 수 있습니다. 하지만 그 경험이 큐레이팅 과정을 함께한 이들이 느끼는 경험보다는 강렬하지 않을 겁니다. 저와 셰릴은 기획 단계부터 참여한 이들이 느끼는 특별한 경험을 '과정의 나머지', '남겨진 몫'이라고 부릅니다. 그만큼 기획 과정부터 참여한 이들은 독특한 경험을 합니다.

공연이나 연극처럼 반복 상영하는 작품을 큐레이팅 하는 것과 축제나 박람회같이 여러 작업을 한데 모인 것을 큐레이팅 하는 것의 차이는 고정된 전례문으로 드리는 예배와 여러 주제와 표현이 결합된 방식의 예배를 드리는 차이와 비슷하다고 볼 수 있습니다. 물론 두 가지 모두 예배라는 것이 얼마나 협력을 필요로 하는 일인지 보여줍니다. 그렇기에 예배 큐레이션에서 중요한 것은 무엇보다 협력하여 함께 예배를 만드는 이들을 한데 불러 모으는 것이라고 생각합니다.

제가 좋아하는 문구 하나를 소개하고자 합니다. 1949년, 첫 전위예술 그룹 코브라CoBrA 전시의 주최자이자 암스테르담 시립

미술관의 책임자인 윌렘 샌드버그Willem Sandberg의 말입니다.

전쟁이 끝나고, 나는 물었다.

인간이 경험한 이 거대한 변화에

예술은 무엇이라 대답할 수 있냐고.

이름난 예술가들도 쉽사리 대답할 수 없었다.

실망하여 돌아서려던 참에,

한 무리의 젊은이들을 만났다.

그들은 무언가 이야기를 하고 싶어 했다.

어쩌면 원초적인 방식이지만,

새로운 느낌으로 격렬하게 그 무언가를 이야기 했다.

온기와 결의를 품은 채 새로운 언어의 문을 두드리고 있었다.

조니 ㅣ 앤디 워홀 전시를 하고자 했던 큐레이터 이야기를 제가 의도한 대로 이해하셨네요. 저는 단지 특정 목적을 위해 유명 아티스트를 큐레이션 하는 것보다 새로움을 추구하는 것이 더 중요하다고 봅니다. 그리고 다소 과장되어 있더라도 사람들의 반응을 얻을 수 있는 도발적인 것도 좋아합니다. 물론 예술가의 전시는 과장하지 않아도 그 자체로 어떤 가치를 가지고 있지만요. 저는 최근 헤이워드 갤러리Hayward Gallery의 워홀 전시를 다녀왔습니다. 그 전시의 큐레이션이 정말 좋았어요. 물론 그 위층에 있었던 좀 덜 알려진 젊은 예술가들의 전시가 여전히 더 좋다고 생각하지만요.

말씀하신 "저는 어쩌면 이 방식이 하느님께서 우리 가운데 역사하실 수 있도록 하는, 하느님께 공간을 내어드리는 방식일지도 모른다고 생각합니다"라는 말에도 동의합니다. 그래서 당신이 하느님을 경험하고 이해하는 방식이 궁금해졌어요. 예술은 순간의 경험, 깨달음의 순간이 있죠. 예배도 마찬가지라고 생각합니다. 예배에서 당신이 경험했던 '순간'이 있나요? 그리고 그 가운데 하느님께서 어떻게 역사하셨는지도 궁금합니다.

로라 | 제가 예술가-큐레이터로 예배 큐레이팅에 관여하는 경우에는 처음부터 끝까지 모든 것을 계획하고 너무 많은 일을 하는 경향이 있어서 진정으로 예배에 몰입하지 못하곤 합니다. 다른 사람은 어떤지 모르겠지만, 저는 이런 상황에서 제가 하느님을 위한 공간을 덜 마련하고 있는 것 같은 느낌을 받습니다. 하지만 그 생각까지도 비집고 들어오시는 하느님을 경험하기도 하죠. 그 순간의 경험 몇 가지를 소개할게요.

상투스세컨즈에서 있었던 일입니다. 성찬례에 사용할 빵을 따뜻하게 데워놓았어요. 앤디가 전례 중 그 빵을 들어 반으로 떼었습니다. 빵이 찢어진 그 순간, 빵에서 모락모락 김이 솟아오르는 것을 볼 수 있었습니다. 그 장면이 뿜어낸 아름다움과 상징성은 정말 놀라웠습니다! 그 '순간'은 계획에 없던 것이었죠. 아니, 계획할 수 없는 것이었어요.

또 다른 일도 있었습니다. 상투스세컨즈가 모이는 장소에는 누구라도 먹을 수 있도록 다과가 준비되어있습니다. 우리는 그 카페 테이블에 작은 그룹으로 둘러 앉아 성찬을 나눕니다. 모두가 빵을 나누고 있던 그 때, 이제 막 두 살이 된 아이가 자신이 반쯤 먹다 남은 말린 망고 조각을 제게 나누어 주었습니다. 그는 자신의 방법으로 성찬에 참여한 것이었어요.

상투스원에서 록밴드 스노우 패트롤Snow Patrol의 〈달려Run〉를 일러스트레이터 사이몬 스미스Simon Smith의 그림 40개와 함께 들려준 적이 있습니다. 말로는 잘 설명이 안 되는데, 그 순간은 예배 자체를 넘어서는, 아주 압도적인 순간이었어요.

이런 예들을 생각해보면, 예배하러 온 이들을 위한 공간 뿐 아니라 하느님과의 상호작용을 위한 여백을 남겨놓는 것이 예배 큐레이션에서 필요한 것임을 알 수 있습니다.

우리는 예배를 큐레이팅 할 때, 하느님이 공동 큐레이터로 함께 하시는지 질문해야합니다. 이 아이디어가 하느님께서 주신 것인지 분별해야합니다. 삼위일체 하느님은 오직 한 분이신 궁극적인 예술가-큐레이터이십니다. 저의 예배 큐레이션은 하느님께서 궁극적인 창조자이시기에, 우리의 모든 것이 불완전에도 불구하고 그분 자신과 그분의 활동을 드러내신다는 믿음에 기대고 있을 뿐입니다.

우연한 아름다움을 찾아서

세릴 로리

조니 | 지난 몇 년 사이, 대안적 예배 공동체들이 미술관, 도심, 해변, 공원 등의 공공장소에서 예배를 드리기 시작했어요. 아주 흥미롭고 희망적인 일이라 생각합니다. 이러한 내용을 담은 글을 제 블로그에 올렸는데, 여기에 닉 휴즈_{Nic Hughes}는 '새로운 순례자의 새로운 걸음. 대안적 예배의 새로운 전환!' 이라는 댓글을 남기기도 했고요. 셰릴, 당신은 도심 속 주차장에서 예배와 이벤트를 큐레이팅했어요. 너무 기발한 아이디어라고 생각합니다. 이 아이디어는 어디서 영감을 받았나요? 왜 주차장을 골랐고, 그곳에서 어떤 일이 일어났는지 들려주세요.

셰릴 | 우리 공동체가 공공 장소를 찾게 된 이유가 있어요. 우리가 신학

적 진지함과 영적 표현을 담아낸다면, 그 공간에서 어떤 일이 일어나게 될지가 궁금했습니다. 또 한 가지 이유는, 우리 공동체의 일원이 아닌 친구가 예배에 참여하기 위해 우리가 모이는 교회에 왔는데, 늦게 도착하는 바람에 예배가 이미 시작된 일이 있었습니다. 그 친구는 이미 예배가 시작된 교회에 들어올 용기가 없어서 30분 동안 그냥 교회 주변을 돌아다녔다고 합니다. 저는 이 이야기를 듣고 우리에겐 친숙한 공간인 교회가 그녀에게는 들어오기 위한 '용기'를 요구하는 공간이었다는 것에 정말 마음이 아팠습니다.

그래서 새로운 공간을 찾기 시작했어요. 그런데 '여기다!' 싶은 곳이 없었습니다. 사실 주차장은 다양한 선택지중 하나였을 뿐입니다. 일단 무작정 주차장 관리자에게 메일을 보냈어요. '아마 제가 미쳤다고 생각하실지 모르겠지만..'이라는 제목을 붙여서요. 그리고 한 시간 후에 답장이 왔습니다. '정말 미쳤군요. 주차장에서 예배라니. 물론 가능합니다.' 라는 제목으로요.

그 주차장은 멜버른 중심에 있는 제 사무실 건물 지하에 있습니다. 주말에는 비어있어요. 정말 흔히 생각하는 도시의 지하 주차장입니다. 약 18대의 차량을 수용할 수 있을 정도로 충분히 큽니다. 그런데 이 공간을 예배 공간으로 쓰려면 주차장으로 들어오는 골목길의 지독한 악취를 제거하고 밤사이 버려져 깨진 유리병을 치워야 했습니다. 처음엔 주차장 관리자가 주말에 이 공간을 안전하게 쓰려면 경비 업체를 고용하라고 할 정도였어요.

지금은 좀 괜찮아졌지만요.

이렇게 청소를 하고나면 주말의 15~16시간 동안 이 공간을 알차게 쓸 수 있었습니다. 이 공간은 우리가 기획한 일을 하는데 방해가 되는 제약조건이 거의 없었어요. 깨지는 물건도 없고, 조심해야 할 좁은 공간이 아니었으니까요. 하지만 몸은 좀 지치죠. 청소가 정말 힘들거든요. 하지만 우리의 의도대로 사용하기에는 정말 환상적인 곳이었습니다.

우리는 몇 시간 동안 사람들이 자유롭게 이곳을 돌아다닐 수 있도록 큐레이팅 했습니다. 처음에 이 공간을 '신성한 공간'이라고 부르기로 했는데, 단어가 좀 어색한 감이 있어서 다른 단어를 찾기로 했습니다. 우리는 이 공간을 상호작용이 가능한 작품들과 음악, 영상 등으로 채웠습니다. 우리의 의도는 사람들이 자연스럽게 참여하도록 하는 것이었고, 또 그 사람들로 인해 그 공간이 새로운 의미를 얻도록 하는 것이었어요.

우리는 '거룩한 땅: 거룩한 도시'라는 주제를 정하고, 모세와 불타는 떨기나무 이야기, 요한묵시록의 거룩한 도시 이미지를 구현했습니다. 거룩한 도시가 창조의 완성이라면, 자유와 해방을 선포하는 '구원'은 지금 우리 주변에서, 우리가 사는 이 도시에서 일어나야 한다는 생각을 담아내고자 했습니다.

주차장에 들어서면 가장 먼저 천장에 투사된 사람들이 바쁘게 움직이는 점심시간의 멜버른을 담은 영상을 마주합니다. 조금 더 걸어 들어오면 주차장을 지탱하고 있는 네 개의 콘크리트 기둥을 '위험, 진입금지' 테이프로 감아두고 그 위에 '거룩한 곳' 이라는 문구를 붙여놓은 것을 볼 수 있습니다. 이것은 하느님께서 불타는 떨기나무를 통해 모세에게 '이곳은 거룩한 땅이니 네 신을 벗어라' 라고 말씀하셨던 것처럼 이 평범한 콘크리트 기둥을 통해서도 말씀하신다는 것을 표현한 것입니다. 그 공간은 평범한 것들로 채워져 있습니다. 우리는 대부분의 '구원'은 우리가 평범하다고 생각하여 놓치기 쉬운 것들 안에 있다고 생각했고, 그것을 보여주고 싶었거든요.

이 공간에는 우리가 여러 도시를 다니며 촬영한 영상들이 배치되어 있지만, 대신 아주 작은 모니터를 통해 재생되도록 했습니다. 또 여러 도시에서 찍은 사진들을 구석진 벽에 붙여놓고 '하느님은 어디에서 활동하시는가?' 라고 적은 질문을 붙여 놓았습니다. 그리고 주차장 주변에는 아이팟_{iPod}을 넣은 액자에 '위험' 테이프를 감아 배치했습니다. 아이팟에는 우리가 '구원의 순간' 이라 생각한 영상들, 예를 들어 버마(미얀마)의 독재에 저항하며 행진하는 승려들, 천안문 광장에서 탱크 앞을 막아선 학생, 베를린 장벽의 붕괴와 같은 영상이 재생되도록 했습니다.

주차장으로 들어오는 길 끝에는 프로젝터를 사용하여 횡단보도를 건너는 사람들의 이미지를 보여주었습니다. 주차장 입구가 막다른 길이었기 때문에, 아마 많은 사람들은 주차장이 있는지 조차 몰랐을 것이고, 또 어떤 사람들은 주차장이 있다는 것은 알지만 그곳이 더럽다고 생각해서 들어오지 않았을지 모릅니다.

그러나 이곳에 들어온 사람들은 우리가 만든 '거룩한 도시'를 만났습니다. 정말 아름다웠어요. 그리고 다른 공간에는 작은 테이블을 설치해서 자신을 성찰하게 하는 질문과 결단을 적도록 했습니다. 우리의 성찰과 선언, 기도가 어우러지기를 기대하면서요.[1]

이 공간에은 많은 작품들이 설치되었고, 특히 멀티미디어가 많이 사용되었습니다. 사람들이 얼마나 왔는지는 잘 모르겠습니다만, 방문한 사람들은 모두 그 공간을 좋아했고, 이 공간에 대한 자신의 생각을 나누어 주었습니다. 저는 이곳을 찾아온 사람들이 자신의 생각을 이야기 할 때, 이 공간이 의미를 가진다고 생각합니다. 어떤 사람들은 공간이 주는 의미에 완전히 압도되기도 했지만, 또 어떤 사람들은 어떤 의미도 찾을 수 없다고 생각했습니다. 이처럼 저마다의 경험이 다르다는 것을 잊지 않는 것이 우리의 정서적 건강에 도움이 되겠지요.

조니 | 진행 과정이 궁금한데요, 당신이 맡은 일도 있었겠지만, 함께 팀으로 해야 할 일도 있었겠지요? 또, 아이디어 기획 단계에서 어떤 과정을 통해 필요한 것들을 선별했는지 이야기해주세요. 저는 공간을 만들어가는 과정에서 일어나는 일들을 좋아하거든요.

셰릴 | 저는 혼자 일할 때도 팀으로 일할 때의 방식과 비슷하게 하는 편입니다. 뭐라고 대답해야 할지 잘 모르겠는데, 우리가 하는 일은 대부분 정말 우연으로 이루어집니다. 언제나 그런 것은 아니지

---

[1] http://blogs.victas.uca.org.au/alternative/holy-ground-holy-city-wrap-up 에서 사진과 글을 볼 수 있다.

만, 무작위성과 직관이 큰 역할을 합니다.

　지하 주차장에 공간을 구성했던 팀은 제가 블로그를 통해 모집한 이들과 기존에도 함께 하던 사람들이었어요. 6명의 정규멤버와 몇몇 비정규 참여자들이 있었습니다. 우리는 일반적으로 한 달에 한 번 모여 친목을 다지고, 일 년에 네 번 정도 예배 기획을 합니다.

　사실 우리는 공동체 형성을 위한 분별 과정이나 선교적 과제의 설정 과정 중에서 다른 이들에게 소개할만한 것은 없어요. 어떤 의미에서는 좀 이상한 이유로 이 일을 기획했다고 할 수 있습니다. 우리는 단지 공간을 만들어서 즐기고 싶었을 뿐이거든요. 그래서 처음엔 모두 공간을 만드는 것에만 목적을 두고 있다고 생각했습니다. 하지만 작업을 하다보니 점점 각자의 이유가 있다는 것을 알게 되었어요. 어떤 사람은 수년간 제도 교회에서 받은 좋지 않은 영향을 끊기 위해, 어떤 사람은 제도 안에서는 불가능한 신앙과 상상력을 연결하기 위해, 어떤 사람은 공동체에 속하기 위해 모인 것이었습니다. 여기 모인 각자는 자신의 고민을 해결하는 방법이 바로 공간을 만드는 것이라 생각했던 것이죠. 우리가 이런 일들을 할 수 있었던 이유는, 우리가 하는 일을 너무 심각하게 받아들이지 않기 때문이라고 생각합니다. 정말 그랬어요. 우리는 우리가 하는 일이 다른 이들에게도 통할지 전혀 신경 쓰지 않았거든요. 이걸 신경 쓰는 것보다, 믿음을 그려가는 과정 자체가 더 좋습니다.

우리 팀에는 놀랍게도 기술과 능력을 가진 사람들이 있었습니다. 이런 사람들이 있다는 것이 아주 특별한 것은 아닙니다. 모든 그룹은 저마다의 기술과 능력을 가진 이들이 있으니까요. 어쩌면 가장 중요한 기술은 우리가 무엇을 할 수 있는지를 알고, 나머지는 다른 사람들에게 맡기는 것일지도 모르겠네요.

솔직히 우리가 어떻게 작업을 시작하는지 잘 모르겠습니다. 대체로 음료 몇 잔, 약간의 음식을 두고 브레인스토밍을 하고, 우리가 가진 감정을 이해하기 위해 지속적으로 다양한 방식들을 시도해보고, 이를 어떻게 표현할 것인지 확인하는 과정이 있었던 것 같습니다. 우리의 공간 구상은 부활, 성탄, 발렌타인데이, 동지와 하지같은 계절의 절기와 같은 이벤트와 연결되어있어요.

우리는 아이디어를 먼저 내고 여기에 신학을 접목합니다. 누군가는 이를 순서가 뒤집힌 신학적 정당화라고 할 수 있지만, 우리는 실제로 신학을 매우 중요하게 생각합니다. 우리가 하는 일에는 신학적 타당성이 있어야 한다고 생각해요. 만약 아이디어에 맞는 신학적 기반이 없다면, 우리는 그 아이디어를 폐기합니다. 우리는 정말 많은 아이디어를 내지만, 모든 아이디어가 공간과 상황에 맞는 것은 아닙니다. 그래서 엄청나게 많은 아이디어를 쏟아내고, 완성된 모습을 상상하는 회의를 두 번 정도 하는 것이 일반적입니다.

아이디어를 선택하는 것은 몹시 까다로운 일입니다. 이성보다는 직관을 더 많이 활용하는 것 같아요. 제 단점은 너무 빨리 아이디어에 찬물을 끼얹는 편이라는 것인데, 그럼에도 우리는 이제 함께 직관적으로 무엇이 어떤 효과를 가지는지 알아차리는 것에 능숙해지고 있습니다. 우리가 생각하는 가장 좋은 아이디어는 항상 불분명하고, 뭔가 여러 층으로 덮여있는 것, 우리가 원래 말하고 싶었던 것을 완전히 비틀어버리는 것입니다. 쉽게 말해서 우리가 듣고 놀라는 아이디어, 그게 정말 좋은 아이디어입니다.

이렇게 회의를 마치면 글을 씁니다. 회의에서는 명확하게 결론을 내리지 않기 때문에, 저는 그저 나눈 이야기들을 되짚어보면서 아직 정리되지 못한 아이디어나 목록에서 제외된 아이디어 등을 적습니다. 그리고 이 글을 공유합니다. 이 과정에서 버려진 아이디어가 다시 채택되기도 합니다. 버려진 것을 살리는 것은 개인적으로 좀 어색하긴 합니다. 하지만 사람들이 다시 그것을 원한다면, 다시 고려해야하죠.

공간을 만드는 과정에서는 정말 좋은 아이디어이지만 우리의 주제에 맞지 않는 것을 걸러내는 일이 필요합니다. 가끔은 어느 정도 완성된 구상을 뒤엎고 처음부터 다시 시작하기도 합니다. 미련하게 보이지만, 오히려 억지로 아이디어를 욱여넣을 때 생기는 역효과보다 낫습니다. 또, 가끔 우리가 완전히 이해하지 못하거나 썩 만족하지 못한 아이디어라 하더라도, 결과적으로 그것이 우리 계획의 중심이 되는 예도 있습니다. 이런 것을 보면 다른 사람들은 어떻게 보고 느끼는지가 궁금합니다. 다른 이들의 생각은 정말 종잡을 수가 없거든요.

몇 번의 회의를 하고 나면 각기 달랐던 의견들이 하나의 흐름을 만들게 됩니다. 회의를 잘해서가 아니라 날짜가 얼마 남지 않아서 그렇게 되는 것일지도 모르겠지만요. 어쨌든, 이렇게 회의를 통해 역할을 맡습니다. 제 역할은 총괄이고요. 그리고 대체로 한 주 전에 작업한 것들을 하나로 모아서 완성합니다. 우리는 완벽하게 준비하는 것을 중요하게 생각합니다. 사소한 것도 놓치지 않는 팀원들과 함께 일하는 것은 멋진 일입니다.

조니 | 저는 '표현'articulation을 좋아합니다. 큐레이팅은 바로 표현을 만들어 내는 일이죠. 표현 안에는 내러티브, 해석, 아이디어가 담겨있고요. 구원은 가까운 곳에서 일어난다는 당신의 의견에 동의합니다. 당신의 작업은 이런 생각을 기반으로 하여 새로운 도시, 새로운 세상을 표현하는 것이라 할 수 있어요. 제가 보기에 이 작업에서 중요한 것이 있다면, 첫째로는 표현의 어조입니다. 강요보다는 개방적이어야 하고, 함께 여행하기를 초대하는 분위기여야 합니다. 둘째는 표현을 통해 그리는 세상입니다. 가끔 보면 교회는 좀 무감각한 부분이 있어요. 교회는 새롭고 풍부한 상상력을 통해 사람들을 매혹시키는 일에는 별로 능숙하지 못한 것 같습니다. 적어도 제가 보기엔 그렇습니다. 어쩌면 교회는 여전히 자신들의 지배력이 유효하다고 생각하는지도 모르겠습니다. 당신은 세상을 다시 상상할 수 있는 자원을 어디에서 얻나요? 이런 수준의 창조적 에너지의 원천은 무엇인가요?

셰릴 | 저는 '세상을 다시 상상하는 것'을 좋아합니다. 이것을 어떻게 설명해야할지 잘 모르겠어요. 저는 원래 특정 주제를 명확하게 정하고 그 의미의 영역을 제한하는 큐레이팅을 선호했습니다. 그래서 참여자가 의미를 다르게 해석할 수 있는 모든 가능성을 배제하도록 구성했어요. 창의적이라기보다는 설명적인 큐레이팅에 가까웠죠. 멀티미디어를 활용하긴 했지만, 이 또한 온전히 개념을 설명하기 위해 사용했어요. 지금 생각해보면 사람들은 자신의 이야기를 발견하지 못하거나, 자신과 상관없어 보이는 예배를 좋아하지 않을 것 같은데 말이죠.

지금 우리는 '세상을 다시 상상하는 것'을 의도하지 않고 작업을 시작합니다. 그저 서로가 자신의 이야기를 내놓고, 그렇게 부딪히고, 그렇게 새로운 이야기를 형성하도록 할 뿐입니다. 이 과정을 통해 서로의 이야기를 들려주고, 연결을 만들고, 우리를 안전하게 만드는 우리가 가진 자원들을 찾습니다. 우리는 다른 이들의 작품을 거의 사용하지 않습니다. 우리의 작품이 전적으로 더 낫기 때문이 아니라, 우리를 이해하고 싶기 때문이죠.

이에 대해 우리 팀의 일원인 블라이드_Blythe가 '큐레이터는 예술가의 작품을 선택하고 해석하고 맥락을 부여하여 관객의 경험을 결정하는데, 그런 의미에서 우리는 큐레이터라기보다 예술가에 가까운 것 같다. 그래서 우리가 만들어내는 것이 더 개방적일지도 모른다'라고 이야기 한 적이 있습니다.

실제로 우리는 세상이 존재하는 방식의 현실적인 이야기로 시작해서 그 현실의 아래에 깔려 있는 우리를 형성하는 실존적인 이야기를 끄집어냅니다. 우리 팀의 모든 사람이 그리스도교가 전하는 이야기가 존재론적 물음에 대한 답이라고 생각하는지는 모르겠지만, 어쨌든 우리 모두는 은혜, 사랑, 희망, 용서, 구원, 정의와 같은 것들은 분명히 의미가 있다고 생각합니다. 이 가치들은 우리가 표현하고자 하는 이야기들을 서로 연결해주는데요, 이것이 당신이 말하는 '다시 상상하는 일'이라고 볼 수 있겠네요. 어쩌면 우리가 확고한 신앙의 언어들만을 사용하지 않는다는 것이 도움이 되는 것 같기도 합니다.

제 이야기를 좀 해볼게요. 저는 부서지고 산산이 조각난 사람을 새롭게 하는 은총이 있다고 정말로 믿고 싶지만, 확신하지는 못합니다. 하지만 그 가능성을 믿고 싶어요. 이런 생각이 우리가 만드는 공간에서 질문과 도전이 됩니다. 우리가 만든 공간에서 사람들이 자기 확신을 놓아버리고 불확실성에 자신을 맡기고 있는 것을 보면, 우리가 한 큐레이팅이 좋았다는 생각이 듭니다. 아마 저는 때때로 하느님에게 '당신의 모습을 드러내라'고 시위하고 있는 것이 아닐까 싶기도 합니다. 우리가 삶에서 마주하는 다양한 선택의 순간에서, 그 순간의 망설임, 감내해야하는 위험과 비용, 어리석은 선택을 할지도 모른다는 두려움을 인정하지 않는다면 새로운 세상을 상상하는 일은 어렵겠지요.

그래서 우리는 가능한 다양한 관점의 이야기를 제시하고자 합니다. 그리고 우리가 건넨 이야기 이외에도 다양한 관점이 있음을 상기시켜줍니다. 이상주의자, 냉소주의자, 소외된 사람, 절박한 사람들이 저마다 품고 있는 각양각색의 희망 같은 것 말입니다. 물론 우리의 의도가 제대로 전달되지 않을 수 있습니다. 하지만 적어도 다양한 관점의 이야기를 보는 것이 아름답고 재밌는 일이며, 기발하다는 느낌을 주고자 합니다.

우리는 목표를 정해놓지 않습니다. 공동의 목표가 없기 때문에 중간에 멈추는 것이 얼마든지 가능하죠. 우리와 함께 하는 이들은 예배를 만들어가고 드리는 과정을 통해 각자 자신의 결론을 만들어내고, 자신이 해야 할 몫을 합니다. 그래서 저는 우리가 목표를 정하지 않는다는 것을 아주 좋아해요.

사람마다 다르겠지만, 저는 공감이 중요하다고 생각해요. 그래서 희망으로부터 배신당한 사람들과 함께 공감할 수 있는 언어를 찾고, 공감할 수 있는 공간을 만드는 일에 저의 열심을 쏟아냅니다. 그들의 이야기를 듣고, 신앙은 이에 대해 어떤 대답을 할 수 있는지를 찾아갑니다. 저는 이 일에서 에너지를 얻습니다. 만약 언젠가 이 일이 더이상 즐겁지 않게 되면, 그만하겠지요.

조니 | 몇몇 사람들은 당신의 작업 방식을 혼란스럽고 우발적이라고 하던데요.

셰릴 | 재밌네요. 실제로 많은 과정이 우발적이죠. 하지만 공간을 큐레이팅하는 것에 있어서는 우리만큼 꼼꼼한 사람들이 없을 겁니다. 디테일 괴물이라 불러도 부족할 정도입니다. 우리가 원래 그런 성향을 가진 사람들이라는 것도 있겠지만, 우리는 공간을 만

드는 것에 큰 책임감을 가지고 있어요. 우리가 사람들을 움직여서 그들이 스스로 새로운 세상을 상상하게 하기 위해서는 이성적으로 설득해야 할 뿐 아니라 그들의 신뢰를 얻어야 합니다. 그들을 불안하게 하거나 그들을 속여서 조작하려 하거나 우리의 일이 부자연스럽고 불명확한 느낌이 들게 하면, 새로운 상상으로 초대하는 일에 실패할 것입니다.

모든 것이 완벽해야 한다는 의미는 아닙니다. 우리가 말하는 완벽은 '할 수 없는 것을 과도하게 하려고 하지 않는 것'에 가깝습니다. 그리고 우리가 하고자 하는 일이 원활하게 돌아가도록 하는 것이기도 하고요. 물론 이렇게 해도 일이 잘못될 때가 있습니다. 그러나 확실한 것은, 우리가 너무 있어 보이려고 노력하지 않으면 잘못되는 경우가 현저히 줄어든다는 것입니다.

우리는 우리의 공간에 오는 이들이 우리를 믿을 수 있도록 준비하고, 그들을 존중해야합니다. 그들이 그 공간에 온전히 잠길 수 있도록 해야 하고요. 우리가 만든 공간에 온 사람들이 우리가 얼마나 창의적으로 공간을 만들었는지 이야기 하는 것은 의미가 없습니다. 그 공간을 통해 변한 그들의 모습을 이야기 하는 것이 더 중요해요.

조니 | 예배를 큐레이팅하는 사람들은 큐레이팅 과정에서 직접 작품을 만들기도 하는데, 그럼 우리는 예술가일까요, 큐레이터일까요? 예술가이면서 큐레이터의 역할을 하는 경우는 이미 예술계에서 있는 일인데, 우리가 지금 나누는 이야기가 이 모델에 가깝지 않

나요?

셰릴 | 저도 그것에 대해 생각해봤는데요, 우리 팀은 일단 시작할 땐 저는 큐레이터, 다른 구성원들은 예술가의 역할을 합니다. 군이 역할을 명확하게 정하고 시작 하는 건 아니지만, 대체로 그렇게 생각하는 것 같아요. 우리 팀원들은 계속 아이디어를 내놓습니다. 저는 그 아이디어에 대해서 '좋은데요? 거기에 어떤 의미를 담을 수 있을까요?' 같은 질문하는 역할을 하고요.

저는 우리 프로젝트의 책임자였어요. 그래서 아마 큐레이터의 역할을 하지 않았나 생각합니다. 하지만 함께 일하는 그룹이 계속 변했기 때문에 새로 일을 시작하는 사람들을 기존 작업에 적응시키는 과정이 필요했습니다. 이 과정을 반복하다 보니, 우리의 작업과 철학을 공유하는 사람들이 더욱 많아졌고, 큐레이터의 역할도 더 많은 사람들과 나누게 되었다고 생각합니다.

지하 주차장을 특별한 공간으로 바꾸고자 하는 일에 관심을 보인 많은 이들은 이를 실현하기 위해 노력했습니다. 저는 의심, 불확실성, 미완성이 주는 불안정성과 같은 '좋은 생각'을 불러일으키는 공간을 찾는 사람들이 있음을 직관적으로 느꼈습니다. 그런데 이런 공간을 찾는 것이 어려웠고, 이런 공간을 원하는 이들을 찾는 것도 꽤 시간을 필요로 하는 일임을 알게 되었습니다. 만약 사람들이 상상력을 동원한 예술을 예배 안에서 찾고자 했다면, 그에 적절한 장소는 이미 많습니다. 호주연합교회Uniting Church in Australia 안에는 이미 그런 곳들이 많아요. 우리가 찾고자 하는 것은 좀 달랐습니다. 그래서 먼저 우리의 철학을 세우고, 아이디어를 모으고, 사람들을 찾기 시작한 것이죠. 우리 팀은 그렇게 형성되었습니다.

조니 | '좋은 생각'을 불러일으키는 공간이라고 하셨지만 그 좋은 생각이 실제 의미하는 것은 흔히 부정적으로 여겨지는 의심, 불확실성, 불안정성이군요. 당신의 표현 방식이 맘에 드네요. 그리고 이 대조적 표현이 당신의 작업에 아주 중요한 부분이라 생각이 듭니다. 당신은 '세상을 바꾸는 것'을 목표라고 했고, 굉장히 겸손하게 그 목표를 향해 가고 있다고 생각해요. 그리고 여전히 그 목표 대해 질문하고 있을 것이라 생각합니다. 최근 잉글랜드의 복음주의 교회와 은사주의 교회 사이에서 지루한 논쟁이 계속되고 있는데요, 특히 예배를 둘러싼 주제와 관련한 논쟁이 많습니다. 대안적 예배 운동을 계속해온 우리에게는 이 논쟁 중에서 상징, 예술, 전례의 이슈가 눈에 들어옵니다. 그런데 내용을 살펴보면 예배들이 지나치게 확정적이거나 설명적이거나 짜깁기인 경우가 많습니다. 이런 안타까운 모습이 그저 전통에 대한 무지에서 비롯한 것이길 바랄 뿐입니다.

셰릴 | 저도 가끔 다른 사람들이 우리의 아이디어를 가져다가 자신들이 말하고자 하는 것을 표현하기 위해 그들만의 해석을 덧붙이는 경우를 보았습니다. 뭐, 나쁘지 않다고 생각해요. 저도 그런 방법을 사용한다고 할 수 있겠죠. 우리도 문화, 성서, 전통에 새로운 의미를 불어넣는 방식으로 작업을 하니까요. 그러니 그 사람

들이 우리 것을 가져가서 사용하는 것에는 뭐라 할 말이 없습니다. 하지만 솔직히, 우리가 생각한 의도와 전혀 다른 방식으로 적용하는걸 보면 좀 이상하다고 생각하긴 합니다. 사람들이 그 작품의 핵심을 놓치고 있다는 생각이 들어요. 하지만 이런 생각이 들면, 저는 즉시 모든 사람은 각자 방점을 찍는 곳이 다를 수 있음을 떠올립니다.

아마 과거의 경험이 없었다면 지금의 제가 없었을 겁니다. 제가 처음 대안적 예배 운동을 시작했을 때는 지금보다 더 서술적이고 설명적이었습니다. 저는 진보적 신학 전통을 가진 교회에서 성장했고, 제가 경험한 교회는 주로 사회적 관심과 정의에 대한 이야기를 포괄적으로 하는 곳이었거든요. 어쨌든, 변화 없이 이 일을 지속하는 것은 불가능하다고 생각합니다. 명확하게 설명하지 않는 예술의 모호함, 많은 이들에 의해 영향을 주고받으며 변하는 대안적 예배의 특징은 우리가 무엇으로 인해 변화를 경험하는가에 관심을 두게 만듭니다. 보수적인 환경일수록 대안적 예배가 가지는 의미는 더욱 전복적일 것이고, 더 큰 변화가 일어날겁니다.

조니 | 그렇군요. 이해가 됩니다. 좋은 전례는 모호하거나 다층적 가치를 가지고 있기에 다양한 방식으로 기능한다는 것을 읽었던 기억이 납니다. 우리가 하는 이야기가 이 말의 다른 표현 방식일지도 모르겠네요. 그리고 이 모호함은 예배 전반을 담당하는 큐레이터에 대한 신뢰와 연결되는 것 같기도 합니다. 큐레이터로서

당신은 사람들이 각자 맡은 일에 최선을 다할 것이라고 믿나요? 각 사람들이 각자가 받은 은사를 공동체를 위해 사용할 때 하느님께서 함께 하실 것이라 믿습니까?

셰릴 | 저는 워크숍에서 '하느님의 일은 사람만으로는 이루어지지 않는다'는 이야기를 자주 합니다. 진보적 신학 전통에서는 종종 우리가 하느님을 대신하여 일해야 한다고 여기는 경우가 있는데, 이는 매우 매력적인 설명일 수 있습니다. 그러나 실제 신앙은 그렇지 않지요. 많은 사람들이 저에게 희망을 가져야 한다고, 평화를 추구해야 한다고 말했지만 크게 다가오지 않았습니다. 오히려 성서는 인간, 인간의 연약함, 그 연약함을 정직하게 인정하라고 이야기합니다. 결과에 연연하기 보다는 과정 속에서 서로를 존중하고, 나머지는 하느님께 맡기라고 말합니다. 그것이 희망과 평화를 가져오는 방법이라고 말하죠.

저는 최근 '하느님처럼 되고자 하는 유혹'에 대해 생각하고 있습니다. 우리는 더 거룩해지려하고, 더 죄 없이 보이려 하고, 더 완벽해지려 합니다. 하지만 우리가 정말 힘써야 하는 것은 인간다운 인간이 되는 것입니다. 더 연약한, 더 취약한, 더 부족한 인간, 그렇게 진짜 인간이 되는 것 말입니다. 우리의 공간이 이를 위한 공간이기를 바랍니다. 우리의 역할은 공간을 만드는 것까지입니다. 나머지는 하느님께 달려있습니다. 불안하고 연약하고 어설퍼 보이기도 하죠. 실제로 그렇고요.

실용적인 측면에 대해 이야기를 하자면, 효과적 공간이란 반복적이지만 중복되지 않는 다양한 층위가 존재해야 합니다. 계속해서 다르게 들리는 노랫말처럼 말입니다. 이런 공간에서 사람들은 공간들이 주는 의미를 이해하기 위해 노력하게 됩니다.

조니 | 당신은 일 년에 네 번 정도의 행사를 기획하고, 이를 위한 팀을 조직하고 있는데요, 이는 마치 예술단체 같아요. 교회나 신앙 공동체도 이런 방식으로 함께 예배하거나 생활하죠. 저는 당신이 하는 일에서는 창조적 힘을 느낍니다. 당신이 예배를 위해 시간을 들이고 노력을 쏟아 붓는 것은 단순히 예배를 위해 하는 활동이 아니라 삶 전반과 연결된 일 같다고 느낍니다. 그래서 정말 흥미로워요. 이것은 의도된 것인가요, 아니면 자발적으로 발생한 것인가요? 당신의 커뮤니티는 앞으로 더 성장할 수 있다고 생각하시나요? 이런 질문을 좋아하지 않을 수 있겠네요.

셰릴 | 사순절이 끝날 무렵, 우리 멤버인 샘Sam이 우리는 특별히 부활절에 모이지 않으니 성주간에 저녁식사를 하자고 제안했습니다. 저는 그에게 '마치 공동체 같네요' 라고 대답했어요. 그랬더니 그는 '우리가 하나라는 사실을 받아들여야 할걸요?' 라고 대답했어요.

공동체가 될 필요를 느끼지 않을 수도 있습니다. 내가 공동체에 속했다고 정의하지 않을 자유도 있고요. 하지만 저는 우리는 모두 우리가 사랑하는 어떤 공동체와 연결되어있다고 생각해요. 그게 신앙공동체는 아닐 수 있지만요. 만약 우리가 전통적인 방식으로 공동체를 형성하는데 초점을 두었다면, 우리 그룹에 속한 이들이 지금처럼 많지 않았을 것입니다. 그저 잠깐 왔다가 무언가를 놓고 돌아갔겠지요.

지하 공간을 사용하던 시기에는 큐레이팅 팀이 매번 달랐습니다. 다름이 주는 재미도 있었지만, 힘든 것도 있었어요. 팀이 매번 달라진다는 것은 매번 처음부터 시작한다는 의미니까요. 그래서 우리는 아마 작년 이맘때쯤, 정기적으로 모이기 위해 공동공간을 소유하기로 결정했고, 그 공간을 주로 담당할 사람들을 선정했습니다. 나머지 멤버들은 언제 합류해서 함께 일할 것인지를 자유롭게 결정할 수 있도록 했고요.

저는 이 과정에서, 우리는 공동체가 아니라고 확신했습니다. 저는 그리스도교 공동체는 우리가 굳이 맡지 않아도 되는 책임을 지는 이들의 모임이며, 그래서 헌신을 필요로 한다고 생각했거든요. 하지만 우리는 그렇지 않았거든요.

그러나 그 가운데 생기가 움트기도 합니다. 올해 몇 가지 예상치 못한 일들이 있었고, 이는 우리가 서로에게 반응하는 계기가 되었어요. 그리고 우리는 점차 더 인간적인 친교를 나누게 되었습니다. 우리의 나눔으로 인해 우리가 하는 일도 더욱 따뜻해졌어요. 추상적 관계는 줄어들었고, 우리는 더욱 친밀해졌습니다. 무서울 정도의 변화였죠.

그래서 저는 우리가 공동체라고 생각합니다. 우리가 하는 일이 우리를 공동체로 만드는 것일지도 모르겠어요. 우리는 공동체가 되기를 작정하고 모이지 않았습니다. 그러나 우리는 다른 곳에서는 할 수 없는 일을 하며, 우리 자신을 새롭게 발견하고 있습니다. 우리는 지금 아주 사랑스럽고 놀라운 무언가에 함께 빠져드는 느낌을 같이 경험하고 있어요.

조니 ㅣ 저는 어떤 일을 이루게 하는 지혜가 있다고 믿습니다. 종종 우리의 열정이 너무 과하여 그룹을 위해 뭔가 만들고, 계속 설명하고, 주장하다보면 있는 그대로 보는 것이 어려워진다고 생각해요. 그래서 당신의 이야기에 크게 동의하게 되네요.

셰릴 ㅣ 사람들을 우리 공간에 초대하면, 초대 받은 사람들은 우리 공동체에 자신을 섞는 것을 좋아하지 않는 것 같아요. 그들이 누구인지 아는 사람들을 불편해 하는 느낌이라고 해야 할까요? 하지만 그럼에도 자신과 비슷한 누군가를 만날 수 있는 곳에 끌리는 것 같기도 합니다. 내향적인 사람일수록 더 그럴 수 있겠죠. 모든 사람이 다 그런 것은 아니겠지만, 대부분의 사람들은 자신과 공명할 수 있는 존재를 그리워한다고 생각합니다.

조니 ㅣ 다른 주제의 이야기를 이어서 해보고 싶은데요, 저는 한스 오브리스트의 큐레이션에 대한 인터뷰에서 상황화_{contextualization}[2]라는 단어를 접하고 좀 놀랐습니다. 이 단어는 선교신학, 그러니까 신학에서 사용하는 용어거든요. 저는 이 말을 굉장히 좋아합니다. 그런데 이 단어가 예술계에서도 사용된다는 것이 흥미롭더군요.

　　당신이 했던 감옥에서의 예배 큐레이팅이 아주 인상적이었어요. 성토요일이라는 교회력의 전통을 상황에 연결시켰잖아요.

2　Hans Obrist, A Brief History of Curating (Zurich: JrP ringier, 2008), p. 145.

이런 독특한 상황의 큐레이팅은 어떻게 하게 된 겁니까?

셰릴 | 감옥에서의 예배를 기획하기 위해 제가 가장 먼저 했던 것은, 감옥을 직접 보는 것이었어요. 익숙한 곳이 아니었고, 경험해본 적이 없으니 그저 상상만 할 수 있는 곳이었거든요. 하지만 제 상상과 실제는 분명 다를테니 일단 가봐야했죠. 네 개의 보안 검색대와 지문인식, 홍채인식을 통과해서 들어간 그곳에서 바로 느낄 수 있었습니다. 우리가 예배에서 흔히 하는 것들이 절대 통하지 않을 것임을 직감했죠. 직접 보지 않아도 어떻게든 될 것이라 생각했던 제 스스로가 의심스러울 지경이었어요.

감옥은 아주 극단적인 환경입니다. 하지만 저는 세상 모든 곳에는 우리가 찾고자 하는 참된 것이 있다고 믿습니다. 그래서 어떤 공간을 우리의 생각대로 판단하고 예배를 위한 곳으로 바꾸기 전에, 먼저 그 공간의 공기를 깊이 들이마셔야 합니다. 우리는 외부에서 거룩한 것을 가져온다고 생각하지만, 진짜 거룩한 것은 그곳에 이미 있습니다. 우리는 그것을 발견할 뿐이죠.

상황은 단어와 단어의 이미지를 바꿉니다. 상황은 또 우리 예배의 의미와 신학을 바꾸기도 합니다. 어떤 맥락에서 옳은 것이 다른 맥락에서는 그렇지 않을 수 있습니다. 만약 제가 경험하고 이해한 신학을 감옥이라는 상황에 그대로 옮겼다면, 분명 잘못되었을 겁니다. 당시 저에게 필요한 것은, 하느님께서는 모든 문화와 상황과 맥락에서 말씀하시는 분이라는 사실을 믿는 것, 그렇기에 이곳에서도 말씀하실 것이라고 믿는 것이었습니다. 그래서 저는 과거의 경험들을 떠올려보고, 그 안에서 힌트를 얻었습니다. 그리고 그 생각을 감옥이라는 맥락에 맞도록 고쳐나가기 시작했어요. 예를 들어, 감옥에서는 일반적으로 드리는 방식의 기도가 전혀 의미를 가지지 못하지만, 의외로 시편 저자의 이야기를 전하는 것은 의미있는 반응을 이끌어냈습니다. 그래서 우리가 기존에 해오던 기도나 간증이 아니라, 성서가 전하는 사람들의 이야기, 은총과 회복을 경험한 사람들의 이야기를 전하기로 했습니다.

또 한 가지, 우리는 하느님의 대변자가 되려는 모든 시도를 중단하고, 우리가 마주한 이 상황을 하느님께 말하는 '회중의 대변자'가 되어야 한다고 생각하게 되었습니다. 우리가 가장 인간적일 때, 하느님을 가장 분명히 경험할 수 있을 것이라 생각했고, 실제로 그렇게 되었습니다.

저는 이 경험을 통해 상황과 맥락의 중요성, 특히 큐레이팅에 있어 상황과 맥락을 잘 아는 것이 정말 중요한 것임을 알게 되었습니다. 사실 이제 저는 일반 대중을 위한 예배 큐레이팅이 좀 어색합니다. 특정 상황과 맥락에 있는 사람들을 이해하고 그들을 위한 큐레이션을 하는 것이 더 많은 변화를 이끌어내기 때문입니다. 물론 이를 의도하고 일을 진행하지는 않지만요.

또 한 가지 이야기 하고 싶은 것은, 감옥에 있는 사람들 중 대다수가 교회에 대한 향수를 가지고 있다는 것입니다. 심지어 교회에 가보지 않은 이들도 향수를 가지고 있습니다. 그래서 그들은 교회를 희화화하는 것을 좋아하지 않습니다. 이들에게 교회는 위로이며, 모든 것이 괜찮았던 시절로 돌아가도록 해주는 통로입니다. 저는 그들의 인식을 존중해야 한다고 생각합니다. 그러나 한편으로는 예배를 통해 어떤 변화가 일어날 것이라는 긴장감을 전해야 합니다. '세상을 다시 상상하는' 하는 예배가 되도록 말이죠.

당신이 말한 것처럼, 어쩌면 대안적 예배는 변두리의 사람, 배척당한 사람 등 여러 사람들을 불러 모아 새로운 이야기를 만들어 내는 일일지도 모릅니다. 그러나 감옥에서는 그 이야기가 통하지 않습니다. 매우 폐쇄적인 곳이니까요.

우리가 예배에서 구해야 하는 것은 은총입니다. 은총은 인간 개인의 개별적이고 독특한 이야기를 더 큰 이야기에 연결시켜줍니다. 우리 자신의 이야기라고 생각했던 것이 사실은 우리만의 이야기가 아니라는 것을 알게 해주는 것이 바로 은총입니다.

몇 년 전, 크리스마스 예배를 통해 제가 깨닫게 된 것이 있습니다. 예배나 거룩한 공간에서의 경험에서 가장 중요한 것은 그 시간 그곳에서 일어난 일이 아니라, 그 일을 가능하게 만든 것이 무엇인지를 아는 것이라는 사실입니다. 크리스마스 전례는 아름다웠습니다. 그러나 그게 전부였죠. 오히려 저는 예배가 끝난 후, 예배 순서에는 있지 않았던 10분간의 침묵 속에서 변화의 순간을 경험했습니다. 물론 예배가 없었다면 침묵도 없었겠지요. 그러나 그 침묵은 그날 예배에서 가장 중요한 순간이었습니다.

이 경험을 통해 큐레이팅은 제가 만들어낼 수 없는 순간의 경험을 위한 디딤돌이라는 생각을 하게 되었습니다.

현실적인 측면에서 이야기하자면, 교도소에서 예배를 큐레이팅 하는 것은 계란 없이 수플레를 만드는 것과 같습니다. 그곳에 계신 분들의 대부분은 상징을 이해하는 것이 어렵고, 문해력이 낮은 편이고, 주의력이 좋지 않은 편입니다. 그래서 우리는 아주 직관적으로 예배를 경험할 수 있도록 다양한 미디어를 활용해야겠다고 계획했었지요. 그런데 교도소에는 이런 것들을 반입하는 게 불가능했어요. 양초같은 소품이나 영상을 담은 미디어는 아주 엄격한 규칙에 의해서만 가져갈 수 있었습니다. 승인을 받지 못한다면 아무것도 들고 들어갈 수 없었습니다. 우리가 그나마 사용할 수 있는 것은 종이와 볼펜정도였어요. 우리가 해오던 방식의 대안적 예배가 아예 불가능한 상황이었습니다.

교도소에서의 예배는 부활절 전 성주간 토요일로 정했습니다. 전통적으로 교회는 성주간 토요일에는 예배를 드리지 않습니다. 예수님께서 돌아가신, 하느님의 부재를 느끼는 시간이기 때문입니다. 공인된 원문의 사도신경에는 예수께서 죽음의 세계, 혹은 지옥에 내려가셨다는 내용이 있습니다. 수감자들에게 지옥이 무엇이냐고 물으면, 대부분 아마 지금 살고 있는 이 감옥이 바로 지옥이라고 말할 것입니다. 예수님의 지옥강하를 생각할 수 있는 성주간 토요일, 그리고 이들이 있는 지옥 같은 감옥! 성주간 토요일은 감옥에서 예배를 드리기에 정말 딱 맞는 날이라는 생각이 들었어요. 일 년 중 바로 그날이 그리스도의 이야기와 감옥의 이야기가 서로를 구원하는 유일한 날일 지도 모른다는 생각이 들 정도였습니다. 감옥에서 우리가 사용할 수 있는 매체는 인쇄된 그림이 최선이었기 때문에, 이를 활용하기로 했습니다. 우리는 지옥에 대한 이미지, 인간이 겪는 지옥 같은 상황의 이미지를 준비했습니다. 가시 달린 철선이나 활활 타오르는 산불 이미지 등이었죠. 그리고 사도신경에 등장하는 예수님의 지옥강하에 대한 이미지도 준비했습니다. 그리고 이를 사용해서 감옥에서의 경험을 지옥으로 가는 예수님의 이야기와 연결할 수 있도록 묵상을 인도했습니다.

이는 가볍게 할 수 있는 묵상은 아니었습니다. 특히 실제로 수감된 상태에서 지옥으로 가는 것을 상상하도록 하는 것은 위험한 일이었습니다. 하지만 저는 우리가 구원, 부활, 회복을 경험하려면 그 과정을 통과해야한다고 생각했어요. 이 묵상에 참여한 이들 중 몇은 긍정적 반응을 보였습니다. 물론 싫어한 사람도 있었지만요. 우리는 검은색 종이와 검은색 펜을 준비해서, 다른 사람은 읽을 수 없는 자신의 기도문을 기록할 수 있도록 했습니다. 이 방법은 이야기를 밖으로 꺼내고 싶지만 또 동시에 공개하고 싶지는 않은 경우 효과적입니다. 그런데 제가 이곳에서 경험한 놀라운 사건은, 보이지 않도록 쓴 그 기도문을 옆 사람에게 읽어주는 사람이 생겨났다는 것입니다. 정말 상상하지도 못했던 중보기도회를 하게 되었어요. 우리가 이것을 의도했다면 아마 절대로 불가능한 일이었을 것입니다.

교도소는 위험한 곳입니다. 하지만 저는 이 위험함이 좋습니다. 그곳에서는 변화의 기회가 많이 없지만, 예배는 그 몇 안 되는 기회 중 하나입니다. 변화가 불가능하다고 생각하는 곳에서 변화를 시도하는 것은 저에게 해방감을 줍니다. 위험한 일이지만, 시도해볼만 합니다. 기꺼이 위험을 감수하는 이들은 냉소적인 상황에서 변화를 만들어낼 수 있으니까요.

공공장소에서의 큐레이팅
마틴 풀

조니 ㅣ 아마 '대안적 예배 시상식'이 있었다면 대림절 해변 오두막_{Advent} Beach Huts은 분명 수상작 명단에 올랐을 겁니다. 해변에 있는 오두막들을 대림절 달력처럼 보이도록 한 그 발상은 정말 뛰어났어요. 대중의 상상력을 자극한 것은 물론이고, 언론의 관심까지 끌었죠. 그래서 많은 이들이 추운 날씨에도 불구하고 그곳에 모였고요. 누구의 아이디어였나요? 어떻게 그 아이디어를 만들어냈는지 궁금해요. 40일 금식기도를 하면 그런 아이디어가 생길까요?

마틴 ㅣ 감사합니다만, 분명 저보다 더 강력한 수상 후보들이 있을겁니다. 대림절 해변 오두막은 저녁 식사 중에 나온 아이디어였어요.

일단 제가 해변에 오두막을 하나 가지고 있었고, 얼마 전에 해변 오두막을 구매한 친구와 식사를 하고 있었거든요. 그래서 갑자기 아이디어가 떠오른 것이죠. 아이디어를 내는 것은 어렵지 않습니다. 문제는 실현이죠.

조니 | 하지만 좋은 아이디어가 떠오르는 것도 흔한 일은 아니죠. 어떤 대화가 오고갔는지 궁금하네요. 아이디어를 실제로 구현하기까지 어떻게 진행되었는지 듣고 싶습니다. 실현하기 어려웠던 부분은 무엇인가요?

마틴 | 좋은 아이디어는 언제나 불쑥 나타나는 작은 씨앗에서 시작된다고 생각합니다. 그 씨앗을 발견하면, 그것을 키울 수 있는 방법을 찾아야겠지요. 이 아이디어는 친구가 방금 오두막을 샀고, 누군가가 오두막의 문이 대림절 달력 같다는 이야기를 한 것이 시작이었어요. 제 마음이 뛰기 시작했죠. 제가 깊은 영성 수련을 해왔다고 말할 수는 없지만, 저는 제가 하는 모든 일에서 하느님을 발견하는 것을 중요하게 생각합니다. 이것이 제 활동의 영감이 됩니다.

하느님은 만물을 주관하는 창조적 힘 그 자체이시기에, 모든 예술은 하느님을 발견할 수 있는 통로가 될 수 있어요. 꼭 예술 작품이 아니어도 마찬가지입니다. 건물이나 자동차, 걸려있는 포스터나 지나가는 사람을 통해서도 갑자기 뭔가 떠오를 수 있습니다. 제가 속한 공동체인 비욘드BEYOND도 행사를 기획할 때 함께 모여 브레인스토밍을 하며 아이디어를 모으긴 하지만, 사실 아주 창의적인 발상은 이런 토론에서는 잘 나오지 않는 것 같습니다.

아이디어를 실현하고 그 가치를 살리기 위해서는 흔들리지 않는 의지가 필요합니다. 우리 공동체는 종종 실현 가능성이 낮아 보이는 아이디어를 노력과 인내를 통해 이뤄냅니다. 결과는 처음 생각했던, 상상했던 그대로의 방식은 아닐 수 있습니다. 하지만 과정에서 마주하는 변화는 결과를 환상적으로 만들어내기 위해 필요한 과정입니다. 정말 중요한 것은 아이디어를 계속 구체화 시켜서 실현하고자 하는 의지죠. 아이디어 자체가 충분히 매력적이라면, 그것은 반드시 실현됩니다.

우리는 대림절 해변 오두막 프로젝트를 위해 많은 일을 했습니다. 호브Hove 해안가의 450개 오두막 소유자들에게 이 프로젝트를 설명하여 참여를 이끌어냈고, 오두막들을 그룹으로 묶어 회의를 주선하고, 각 오두막에 날짜를 할당하고 해당 오두막 주인이 하고자 하는 주제 선정을 돕는 과정들을 진행했습니다. 그중에는 오두막 주인이 사용을 허락했지만, 그 오두막을 꾸미는 것은 다른 사람에게 맡기고 싶어 하는 경우도 있었고, 이 프로젝트에 참여하고 싶었지만 오두막을 가지지 못한 경우도 있었어요. 그래서 이 두 그룹을 엮어주는 일도 했습니다. 홍보물을 만들어 배포하고, 텔레비전, 라디오, 지역 언론에 보도 자료를 보내는 일도 했어요. 우리 팀이 현실적으로 24개의 작품을 만드는 것은 어려운 일이었기 때문에, 저는 각 오두막 담당자의 창의력에 기대를 걸었습니다. 결과적으로 이 프로젝트는 평범한 이들의 창의력으로 완성되었습니다. 평범한 이들이 만든 놀라움이 브라이튼Brighton과 호브에 큰 선물이 되었습니다.

아이디어를 실현시키는 과정에서 실패할 가능성은 항상 있습니다. 그렇기에 우리에게 힘을 보태준 이들이 떨어져 나가지 않도록, 이 아이디어를 성공적으로 실현하기 위해서는 아주 크고 굳은 결심이 필요합니다.

2009년, 14처 기도를 현대적으로 재해석한 작품을 상점가 창문에 전시한 부활의 길Easter, Path을 시작한 지 이틀 뒤, 한 상점이 자기 가게에 전시된 작품이 맘에 들지 않아 제거했다는 것을 알게 되었습니다. 사전에 이미 많은 이야기를 했음에도 말이죠. 이를 그냥 빈 채로 두는 것이 편한 선택이었을지 모릅니다. 하지만 저는 해결책을 찾아야겠다고 결심했습니다. 작품의 완성도를 위해서가 아니라, 상점 주인이 우리가 표현하고자 하는 것을 이해하도록 하는 것이 중요하다고 생각했거든요. 그래서 온종일 새로운 아이디어를 내고, 작업하고, 그것을 가게 주인에게 제시했습니다. 그들이 받아들였고, 그렇게 우리의 전시는 계속될 수 있었습니다. 가게 주인도 만족했고요.

발명가 에디슨의 '천재는 1%의 영감과 99%의 노력으로 이루어진다'는 말은 유명합니다. 저는 하느님께서 도와주신다면 이 비율은 좀 바뀔 수 있다고 생각하긴 합니다만, 확실한건 아이디어를 구체화 하는 것은 아이디어를 얻는 것 보다 더 많은 노력이 필요하다는 것입니다.

조니 ｜ 한스 오브리스트는 큐레이터의 역할을 관리자, 작가, 사서, 경영자, 회계사, 외교관, 경비원, 운송업자, 연구자 등으로 설명했습니다. 이것 말고도 더 많은 역할을 하지만, 어쨌든 이 말은 큐레이터는 성실함과 유연함, 그리고 다양한 기술을 가져야 한다는 의미입니다. 예배 큐레이터도 마찬가지겠지요. 하랄트 제만Harald Szeemann은 '큐레이터는 유연해야 하며, 열정과 사랑, 약간의 강박감으로 일해야 한다' 라고 말했습니다[1]. 저는 당신이 일하는 모습에서 열정을 느꼈어요. 저는 예배를 큐레이션할 때 많은 이들과 함께 이야기를 나누며 생각을 공유하는 방식으로 일을 합니다. 당신도 여러 사람하고 함께 작업을 하는 것 같은데요, 협업에 대해서는 어떻게 생각하시나요? 그리고 앞으로도 앞서 소개한 작품의 주제를 다른 방식으로 큐레이팅 할 계획이 있나요?

마틴 ｜ 처음엔 큐레이션 자체가 저의 주된 목적은 아니었습니다. 몇 해전에 그린벨트 축제Greenbelt Festival에서 마크 피어슨Mark Pierson에게 예배 큐레이팅이라는 말을 처음 들었어요. 예배를 큐레이션한다는 개념이 새로웠고, 아주 맘에 들어서 인상적이었습니다. 그래서 줄곧 생각하게 된 것 같아요.

큐레이션은 실용적 접근을 필요로 합니다. 해변 오두막으로 대림절 달력을 구현하기 위해 우리가 24개의 오두막을 만드는

---

[1] Obrist, A Brief History of Curating, p.100.

것은 사실상 불가능합니다. 14처를 구현하기 위해 14개의 시설을 만드는 것도 어려운 일이고요. 그래서 비욘드는 다른 사람의 창의성에 힘을 실어주는 방식으로 일합니다. 누군가를 관찰자로 두기보다 직접 어떤 일을 하도록 돕는 것이 그가 자신의 창의력을 발현하고, 또 그 안에서 영적인 것을 발견할 수 있도록 하기에 좋습니다. 그래서 비욘드의 예배는 참석자들과 상호작용하는 요소들이 많습니다.

저는 직접 뭔가 만드는 것을 좋아하기도 하고, 이런 작업들을 모아 더 큰 것을 기획하고 조직하는 것도 좋아합니다. 새로운 아이디어를 계속 내는 것도 좋아하고요. 제가 생각하는 최고의 전시는 새로운 관점을 뚜렷하게 제시하는, 관람객이 기존과는 다른 생각을 하도록 만드는 전시입니다. 이런 기획을 위해서는 열정은 물론이고 어느 정도 강박적으로 일해야 한다는 것에 매우 동의합니다. 그렇지 않으면 이런 큐레이션은 불가능할 테니까요

비욘드를 시작한지 불과 1년 만에 우리 공동체는 안정적인 궤도에 올랐습니다. 이 시점에서 우리가 했던 이벤트를 다시 살펴보는 일은 흥미로웠어요. 우리는 2008년 7월에 핑거 메이즈 Finger Maze 묵상을 기획 했었는데, 이후 그것을 그린벨트 벨트 축제에서 다시 열었습니다. 올해는 호브 공원에서 같은 이벤트를 다른 방식으로 진행할 예정입니다. 아마 저희가 다음 대림절에는 해변 오두막 달력을 하지 않겠다고 하면 다들 굉장히 의아해하겠지요. 인기가 정말 많았으니까요. 지금 말한 것 외에도 우리

는 정기적으로 할 수 있는 행사들을 몇 차례 진행했었습니다. 정기적으로 반복할 수 있는 기획들을 많이 가지고 있다는 것이죠. 하지만 비욘드는 항상 새로운 것에 도전하고, 실험적인 것을 추구하는 공동체입니다. 정기적으로 같은 행사를 반복하는 것은 비욘드의 모토에 반하는 일일지도 모릅니다. 그래서 우리는 이 정기적인 행사들을 잘 운영할 수 있는 자원을 확보하는 동시에, 실험과 혁신을 계속하고자 합니다.

조니 | 로라 드레인이 '예술가-큐레이터' 모델을 이야기 했는데, 당신이 바로 그 모델에 맞는 사람이네요. 대림절 해변 오두막을 계속 볼 수 있다니 다행입니다. 일에 집중하다보면 끊임없이 새로운 것을 발견할 텐데, 그 새로움과 지금 하는 일 사이의 균형을 어떻게 유지하고 있는지 궁금합니다. 어디에 기준을 두고 있나요?

마틴 | 저는 배우로도 활동했었고, 프로듀서로 일했던 경험도 있으니 경험적 측면에서 보면 주로 창의적인 영역에서 일했다고 볼 수 있습니다. 저는 언제나 이런 경험을 예배로 가져오고자 했어요. 끊임없이 창조하시는 하느님께서도 우리가 지속적으로 새롭게 그분을 예배하기를 원하신다고 믿습니다. 저는 예배가 정형화되고, 굳어져버리고, 교회 안에서만 쓸 수 있는 언어를 사용하고 있다는 것이 좀 이상하다고 생각해요. 저는 창조의 하느님께서 언제 어디에서나 우리에게 말씀하신다고 믿습니다. 때로는 제가 속한 교구의 교회들보다도 테이트 모던Tate Modern Art Museum의 전시에서 하느님을 더 쉽게 만날 수 있다고 생각합니다. 기준에 대

해서도 물어보셨는데요, 저의 기준은 오직 하나, 하느님의 사랑을 전달할 수 있는지가 유일한 기준입니다. 이것만 가능하다면 어떤 방식도 괜찮습니다.

조니 | 사제는 전통적 방식의 예배를 인도하기 위해서 전례 훈련을, 워십밴드 리더는 현대적 방식의 예배 인도를 위해 컨퍼런스, 강좌 등을 통해 역할을 학습할 수 있습니다. 그런데 예배 큐레이터를 위한 과정은 특별히 없지요. 예배 큐레이팅이 단순히 예배를 인도하는 것보다 훨씬 더 복잡한 일들의 종합이라 그런 것일지도 모르겠네요. 최근 예배 큐레이팅의 사례를 소개하기 위해 이 일을 하는 사람과 대화를 나눈 적이 있습니다. 그는 공동체에 속해 있는 사람이었고, 그가 속한 공동체는 역할을 나누어서 진행하는 것에 익숙해 보였습니다. 그런데 저는 이들이 하는 것이 예배 큐레이션이라기보다 워크숍같다는 생각이 들더군요. 예배를 준비하는 과정에서 굉장히 많은 이론과 아이디어를 나눈다고 했거든요. 물론 좋은 일이지만, 이야기를 들으며 제가 속한 그레이스의 초창기 모습이 생각났어요. 좀 불안했다고 할까요? 저는 적은 것이 더 큰 것을 드러내는 경우가 있다고 생각합니다. 사람들은 예배에서 근사한 아이디어가 빛을 발하는 것보다, 예배 안에서 연결이 이루어지고, 영혼에 울림을 주고, 하느님의 현존을 경험하는 순간을 원한다고 생각해요. 비욘드는 어떤가요? 어떤 방식으로 예배나 작품을 기획하십니까?

마틴 | 우리는 참 만남의 순간은 오직 하느님께로부터 온다는 것을 잊

지 않으려 노력합니다. 우리가 하는 것은 그 만남의 순간이 일어날 수 있도록 환경을 만드는 일일 뿐이죠. 그래서 저는 참여자에게 특정 주제를 주입하는 방식은 동의하지 않습니다. 예수께서도 구구절절 설명하지 않으셨어요. 비유를 통해 이야기 하시고, 듣는 사람들이 각자 자신의 결론에 도달할 수 있도록 하셨죠. 이것을 잊지 않아야 한다고 생각합니다.

우리는 주로 아이디어 회의로 큐레이팅을 시작합니다. 이 미팅은 경계도 목표도 없습니다. 신학 토론을 하기도 하고, 심심풀이로 게임을 하기도 하는 그런 모임입니다. 이 미팅에서 저는 아이디어 실현 방법을 찾는 것에 집중하는 반면, 다른 구성원들은 영적인 의미에 좀 더 집중하는 편입니다. 그래서 서로 많은 것을 배웁니다. 이후 미팅에서 나눈 이야기를 노트에 정리하고, 그 노트를 함께 나눠 봅니다. 이 과정에서 다양한 피드백을 받을 수 있습니다. 그리고 약 2주의 시간을 가집니다. 우리가 나눈 것들이 마음에 자리 잡을 수 있는 시간을 보내는 것이죠. 2주 뒤에 다시 모여서 프로그램을 구상하고, 각자 할 일을 나눕니다. 준비는 약 일주일 정도 합니다. 그래서 시간이 좀 빠듯할 때가 있어요.

물론 대림절 해변 오두막, 상점가 부활의 길 같은 대규모 이벤트는 준비를 위해 더 많은 시간을 필요로 합니다. 대신 이런 뚜렷하고 구체적인 아이디어는 실행으로 옮기는데 많은 시간을 필요로 하지 않는다는 특징이 있지요. 그리고 일을 할당하는 과정에서 주로 저는 행정업무를 담당합니다.

우리는 어떻게 하느님과의 참된 만남을 이끌어 낼 수 있을지를 계속 고민하고 실험합니다. 우리가 지키는 단 하나의 원칙이 있다면, 사람들이 자신이 원하는 그 순간에 원하는 행동을 할 수 있도록 만들어야 한다는 것입니다. 토론의 시간도 필요하지만, 토론만으로는 결코 행동이 일어나지 않습니다. 우리는 하느님과의 만남은 적극적 행동을 통해 이루어진다고 믿습니다. 일반적인 교회에서의 모습을 생각해보면, 많은 이들이 정말 자발적이고 능동적으로 참여해야 하는 성찬에서조차 수동적임을 알 수 있습니다. 이상한 일이죠. 요즘 세상에 한 시간 이상을 가만히 앉아서 듣고만 있는 일이 어디 있습니까? 학교에서도 그렇게 하지 않습니다. 교회가 노래하는 모임에 특별히 열심을 내는 것이 어쩌면 이 문제를 해결하기 위한 것이 아닐까 싶습니다. 노래는 어쨌든 직접 참여하는 활동이니까요. 그런데 여기서 또 잘 모르는 노래를 하는 경우는 참여가 어렵다는 문제가 생깁니다. 교회가 익숙한 저도 가끔 어려움을 느끼는데, 하물며 교회에서 어떤 종류의 성가도 불러본 적이 없는 사람에겐 어떨까요?

저는 어떤 결과를 예상하고 그 결과를 내기 위해 예배를 만드는 것에 반대합니다. 죄와 속죄에 관해 이야기하고자 더러운 조각들로 십자가를 만들어 놓았다고 해서, 모든 사람이 똑같은 깨달음을 얻는 것은 아닐 테니까요. 우리는 하느님께서 각 사람에게 맞는 방식으로, 다르게 말씀하신다는 것을 믿어야 합니다. 이것은 마치 비유로 이야기하는 것과 같습니다. 우리는 그저 전할 뿐이고, 예배에 온 사람이 스스로 결론을 발견하는 것이죠. 깨달음은 하느님으로부터만 옵니다. 우리는 절대 할 수 없어요.

조니 | 제가 가장 최근에 본 당신의 작품은 '거대한 얼음 조각상'이었는데요, 이 작품은 큰 호응을 얻었던 것으로 알고 있어요. 어떤 생각에서 이 작품을 만들게 되었나요? 사람들이 이 작품에 보이는 반응에 대해서는 어떻게 생각하나요?

마틴 | 그 작품을 만들게 된 것은, 그 축제의 주제와 관련이 있습니다. 벤 에드선Ben Edson이 우리가 작년에 전시했던 핑거 메이즈의 후속 작품을 기획해보라고 제안했어요. 저는 이것저것 자료를 챙겨서 팀 미팅을 시작했습니다. 다양한 아이디어가 나왔고, 얼음 조각상도 그 아이디어 중 하나였습니다. 처음 얼음 조각상 아이디어를 들었을 땐, 그것이 주말동안 녹아버릴 거라 생각했기에 이 아이디어는 뒤로 밀렸습니다. 그런데 결과적으로는 이 아이디어만 살아남았어요. 다른 것은 구현하기가 거의 불가능했거든요. 우리가 낸 아이디어 중에 실현 가능성이 가장 높은 것이 바로 이 얼음 조각상이었습니다.

저는 이 아이디어를 어떻게 실현시킬 수 있을지 고민하기 시작했습니다. 일단 이베이ebay에서 냉동고를 샀고, 그 안에 여러 크기의 얼음을 얼려가며 실험을 반복했어요. 아내에게 이 냉동고를 일단 정원에 둬야 할 것 같다고 했더니 꽤장히 화를 냈던 기억이 나네요. 실험은 실패였습니다. 얼음덩어리들은 야외에서는 반나절 만에 녹아버렸습니다. 그래서 다음으로 고민한 것이 이를 구현할 수 있게 해줄 업체를 찾는 것이었어요.

처음 견적을 받아본 업체는 우리가 생각한 것보다 더 큰 얼음이 가능하다고 했지만, 2만5천 파운드를 요구했습니다. 금액을 듣고 이 계획의 실현 가능성에 회의를 품었지만, 저는 멈추지 않았어요. 계속 다른 견적을 요청하니 결국 얼음 회사에서는 저에게 얼음 공급처의 전화번호를 알려주었습니다.

얼음 공급처의 담당자는 아주 좋은 사람이었습니다. 그는 제가 낡은 냉동고를 사서 실험해본 것부터 시작해서 지금 자신에게 연락을 하게 된 경위를 들었고, 결과적으로 우리는 500파운드에 우리가 원하는 얼음을 공급받는 것으로 합의했습니다.

얼음이 전시장에 도착했고, 지게차로 1.5톤짜리 얼음 조각을 내려서 포장을 풀었습니다. 처음에는 생각했던 것보다 얼음이 흐려서 좀 실망했어요. 그런데 얼음에 물을 부었더니 겉에 응결된 것들이 씻겨졌고, 거대한 얼음은 아주 아름답고 맑은 모습이 되었습니다. 그리고 그 안에는 예수님 조각상이 들어있었죠. 제가 처음 생각했던 것보다 더 아름다운 모습이었어요. 얼음 안에는 여러 개의 아크릴로 만든 십자가와 묵주 등의 물건들도 들어있었습니다. 우리가 처음 구상한 것은, 얼음이 녹으면서 그 안에 있는 것들이 서서히 바깥으로 나오는 것이었죠.

그런데 우리는 '아이들의 인내심' 이라는 변수를 고려하지 못했습니다. 아이들 무리가 얼음 안에 들어있는 것을 얻기 위해 다양한 방법을 동원해서 얼음을 부수기 시작했거든요. 망치와 돌,

벽돌까지 가져와서 얼음을 깨뜨렸어요. 주변 사람들이 그들을 말리긴 했지만, 크게 소용이 없었습니다. 전시가 끝나가던 일요일이 되자, 결국 예수님 조각상은 다 녹지 않은 얼음 범벅이 되어 진흙 더미에서 뒹굴고 있었습니다.

많은 이들, 특히 이 작품을 구상하고 참여한 우리 팀원들은 이를 보고 화가 많이 났습니다. 하지만 저는 완전히 다른 느낌을 받았어요. 우리의 목표는 반응을 이끌어내는 것이었기에, 오히려 이는 매우 성공적인 것이었다고 느꼈습니다. 반응을 조작하거나, 어떤 반응을 보일지 예측하는 것은 우리의 일이 아니었습니다. 망치로 부수는 것이나 가만히 녹는 것을 보는 것은 모두 그 얼음 조각상을 마주한 사람들의 선택이었어요. 그리고 무엇보다 그 작품은 얼음으로 만든 것이었습니다. 언젠가는 반드시 녹아버리는 것이죠. 아이들은 단지 그 과정이 좀 더 빨라지도록 도움을 주었을 뿐입니다. 그리고 누군가는 이를 보며, 예수님께서 당하신 고통을 떠올리기도 했습니다. 우리는 이런 해석을 의도하지 않았지만, 우리가 생각했던 처음 모습보다 훨씬 깊고 강한 영적인 해석이었다고 생각합니다.

이후 벤은 이에 관해 아주 흥미로운 글을 자신의 블로그에 올렸습니다. 자신을 작품을 보호하고 또 설명하는 큐레이터로, 저를 대중의 반응을 보며 기뻐하는 예술가로 묘사한 글이었습니다. 저는 예술가보다는 큐레이터라고 불리는 것을 훨씬 선호하지만, 어쨌든 둘 다 중요한 역할임에는 틀림없지 않습니까?

이야기의 중요성

데이브 화이트

조니 | 데이브, 뉴질랜드 해밀턴 퍼블릭 가든Hamilton Public Garden에서, 그리고 이전에도 다른 장소에서 몇 년간 십자가의 길을 큐레이팅했죠? 사진으로 봤는데 정말 멋지다고 생각했습니다. 실제로 꼭 가보고 싶어요. 어떻게 이것을 기획하게 되었나요?

데이브 | 제가 어렸을 때 살던 집에는 1/4 에이커 크기의 뒷마당이 있었습니다. 토요일 아침마다 그곳에서 동네 친구들과 함께 시간을 보냈습니다. 다양한 방식의 놀이를 했어요. 하키 스틱으로 흙을 긁어모아 쌓고, 차고에 숨겨놓은 물건들을 찾고, 물에 흠뻑 젖으며 미끄럼틀을 타고 놀았지요. 이것이 저의 창의적 충동의 첫 경험이었던 것 같아요. 다른 사람에게 어떤 경험을 제공하는 것이

성취감을 주었습니다.

　이후 저는 기타를 배웠고, 밴드의 일원으로, 또 해밀턴과 다른 여러 지역의 교회 수련회에서 활동하기도 했습니다. 사람들을 교회로 불러 모으기 위한 춤, 노래 등을 만들었어요. 그러다가 마크 피어슨Mark Pierson이 오클랜드Auckland에서 전시했던 '십자가의 길'에서 번뜩이는 깨달음을 경험했습니다. 신비와 숭고함에 사로잡힌 이 경험으로 인해 저도 예배 큐레이팅에 많은 열정을 쏟게 되었습니다. 저는 여전히 이웃에게 경험을 제공하는데 관심이 많습니다. 하느님 나라를 향해 가는 여정을 만드는 것이라고나 할까요?

조니 ｜ 그렇군요. 지금까지 오랜 기간에 걸쳐 동일한 주제를 반복해서 만들어내셨는데요, 이것이 표현의 깊이를 더 깊게 만드는데 도움이 되던가요?

데이브 ｜ 표현에 깊이를 더하는 것은 중요한 일이죠. 일단 십자가의 길과 같은 호흡이 짧은 작품은 이것을 보기 위해 오래 머무르지 않아도 괜찮고, 여러 차례 방문할 수 있다는 장점이 있습니다. 제가 기획한 '십자가의 길'은, 이 여정을 단순히 일 년에 한 번 사순절에 하는 행사가 아니라, 이야기가 담긴 여정으로 인식하도록 합니다. 아직 신앙이 없는 사람들은 이 길을 여러 번 경험하는 것이 필요하겠지요. 또 이 작업은 대중들에게 좋은 반응을 얻고 있습니다. 저와 함께하는 팀은 이를 위해 매년 성서를 찾아보고, 십자가를 전하는 새로운 관점을 고민합니다. 지난 5년간, 우리와 함께하는 사람들은 삼백 명에서 삼천 명으로 늘어났습니다. 만약 우리가 계속 다른 주제를 가지고 작업을 했다면, 지금과 같은 영향력을 발휘하지 못했을 것입니다. 고집스럽게 보일 정도로 한 주제를 고수하는 것이 우리에게는 중요해요. 우리의 궁극적 목표는 이웃과 세상에 무관심한 우리 사회를 그리스도의 수난에 참여시키는 것이니까요.

조니 | 사이먼 셰이크가 큐레이션의 미래에 관해서 언급한 주제 중 하나는 연속성입니다. 그는 이런 말을 했습니다.

'반복은 연속성으로 전환되어, 기존 주제에 새로운 상상으로 가득한 무언가를 연결할 수 있습니다. 지속해서 같은 전시를 10년간 한다고 생각해보십시오. 한 예술가가 같은 주제로 10년을 작업하면, 그 주제의 표면에서 더 내려간, 아주 깊은 곳에 닿게 될 것입니다. 새로움에 대한 요구를 거부함으로 깊이를 가지게 되는 것이죠.'[1]

당신은 어떻게 일하나요? 매년 같은 예술가와 작업을 하나요? 아니면 핵심 그룹이 있고 그 그룹에 약간의 변화를 주는 편인가요?

데이브 | 깊이라... 저는 깊이 있는 이야기에는 솔직함이라는 요소가 긴장

---

1 O'Neill (ed.), Curating Subjects, p.184.

감을 만들어낸다고 생각합니다. 또 깊이는 풍요로움을 의미할 수 있지만, 동시에 익사할 수 있는 위험을 의미하기도 합니다. 수영을 할 수 있는 정도의 깊이가 좋죠. 우리는 수년에 걸쳐 적정 수준의 깊이를 알게 되었고, 우리는 이 깊이를 유지하며 부활의 의미를 표현할 수 있게 되었습니다. 선교적 의도로 십자가의 길을 만들기 시작했던 초기에는 경계해야 할 것들, 지혜롭게 표현해야 하는 것들이 많았습니다. 너무 깊어지지 않도록 해야 했거든요. 어쨌든 우리는 우리의 경험을 십자가의 길에 녹여내고, 이것을 공공장소에 설치하여 대중을 초대하고자 했어요.

부활의 이야기는 한 인간이 자신을 받아들이고, 또 깨뜨리도록 합니다. 그렇기에 이 이야기는 다양한 방법으로 많은 이에게 전해져야합니다. 오랜 시간 그래왔던 것처럼 말이죠. 저는 예술가들의 표현이 성서의 이야기를 균형있게 전할 수 있도록 하는 것에 주의를 기울였습니다. 십자가의 길에 참여한 이가 하느님 나라가 품고 있는 혼돈과 긴장, 말로 다 전할 수 없는 구원의 이야기에 감동할 수 있게 해야 했거든요.

제가 '깊이를 가지는 것'에 반대한다는 뜻이 아닙니다. 얕은 예술적 선전을 피하는 것은 우리와 함께 활동하는 예술가들 또한 중요하게 생각하는 것이니까요. 예술적 상상력은 열정의 아름다움을 가릴 수 없습니다. 예술가에게 완전한 표현의 자유가 주어진다면 어떤 작품이 나올지 궁금하긴 합니다. 그러나 예수의 이야기를 모르는 예술가가 그것을 아는 예술가가 만들어내는 것보다 더 나은 작품을 만들어낼 수는 없겠지요. '깊이'는 가까운 친구일 뿐, 연인이 아닙니다. 우리의 연인은 '이야기'입니다. 깊이는 그저 반복의 자연스러운 결과입니다. 아, 누구와 작업하냐고 물으셨는데요, 우리는 대여섯 명의 핵심 예술가와 주제에 따라 자유롭게 참여하는 새 멤버들이 있습니다.

조니 ㅣ 십자가의 길을 구현하기 위해서 성서의 이야기를 반복해서 읽고, 그 안에서 새로운 의미를 발견하려는 시도가 흥미롭네요. 이에 관해 조금 더 듣고 싶습니다.

데이브ㅣ 준비 과정은 함께 모여 이야기하는 것으로 시작합니다. 우리는 영감, 디자인, 창작, 전시에 있어서 개별적 자의식을 모아 집단으로 일하는 것을 추구합니다. 모임에 참여하는 예술가들은 먼저 혼자서 십자가의 길 14처 전체를 구상합니다. 그리고 그것을 전체 모임에 가져오는데, 여기서는 자신이 구상한 14개 중에 3개 정도의 아이디어만을 공유합니다.

　이후 이렇게 공유한 아이디어를 두고 토론하며 조율합니다. 이 과정에서 아이디어는 집단 지성으로 인해 더욱 가치 있는 것으로 변합니다. 아이디어가 전달되기도 하고, 협력을 이끌어내기도 하죠. 함께 모여 하는 토론에서 나오는 신학적 통찰 뿐만 아니라 예술가들이 한데 모여 있음에서 오는 혼돈, 기존의 틀을 흔들어버리는 그 혼돈이 가치를 만들어냅니다. 저는 이 과정을 '비효율적 집단 수고'라고 부릅니다. 사람들이 함께 성서를 묵상할수록 표현의 깊이가 깊어집니다. 이 과정에서 다른 사람의 의견을 반영하지 않는 독단적인 생각이 걸러집니다. 이후 자신들의 기독론적인 관점을 어떻게 작품에 적용시킬지를 토론하며 아이디어를 공유합니다.

조니 | 깊이는 가까운 친구이지만, 연인은 아니라는 말, 깊이가 아니라 '이야기'가 연인이 되어야 한다는 말, 정말 마음에 듭니다. 저는 이 말을 예술가들은 자신의 감각을 문화 안에서, 창의성을 활용하여 이야기로 만들어내야 한다는 의미로 이해했어요. 이 말에 굉장히 도전을 받는 사람들이 있을 것 같네요. '이야기'에 대한 당신의 섬세하고 겸손한 태도가 정말 인상적입니다. 대안적 예배에는 일반적인 지침이 없다보니, 저는 종종 성서의 이야기를 어떻게 예배에 접목시키는지에 대한 질문을 받습니다. 공동체가 이런 고민을 하는 것은 좋은 것이죠. 제가 생각하는 가장 좋은 방법은, 성서에 대한 공동체의 다양한 해석을 '존중'하는 것입니다. 제가 속한 공동체인 그레이스에서, 성서를 통해 '환대'라는 주제가 우리에게 주어진 적이 있어요. 당신의 이야기를 듣다보니 어떤 깨달음이 왔습니다. 좋은 비유였어요.

'비효율적 집단 수고'라는 개념도 좋습니다. 우리 문화는 이미 최고조에 도달했습니다. 모두 너무 바쁘고, 너무 열심히 일하죠. 그래서 시간에 항상 쫓기고요. 런던이 유독 심한 것일지도 모르겠지만요. 그래서 예배와 예술에도 효율성을 추구하게 된 것 같아요. 하지만 예배와 예술에 효율이라니, 이는 너무 끔찍한 일 아닌가요? 당신도 십자가의 길을 시작해야 할 때가 다가오면

효율적으로 일을 해야 하겠지만, 그렇게 되면 함께 생각을 나누며 시간을 '버리는 것'과 같은 일이 충분히 이루어지지 않을 것 같습니다. 물론 결과는 좋겠지요. 아, 제가 너무 혼자 말하고 있네요...

데이브 | 십자가의 길 중에서 제 기억에 남는 인상적인 기도처는 십자가 처형 장면이었습니다. 우리는 이 공간을 매우 아름답고 고급스럽게 구성했어요. 넓은 공간이었고, 뒤편의 벽에는 미세한 빛이 켜져 있었고, 커튼으로 차분하게 덮여있었습니다. 공간의 가운데는 커다란 무대가 있었고, 그 무대에는 흰 욕조가 놓여있었어요. 욕조로 이어지는 카펫과 욕조 머리맡에 놓인 벨벳 의자는 빨간색이었습니다. 욕조 위에는 높은 샤워기가 설치되어 있었고, 센서를 통해 사람들이 가까이 오면 붉은 액체가 뿜어져 나오도록 만들어져 있었습니다. 이 '피의 욕조' 공간에 사용된 음악은 영화 〈쉰들러 리스트Schindler's List〉의 주제곡이었는데, 바이올린 선율의 조합이 인상적인 곡이죠. 놀라운 작품이었어요. 신학적으로도 풍부한 관점을 제시했고, 야만적이면서 동시에 신비로운 아름다움을 가진 강렬한 이미지의 작품이었습니다.

또 하나 소개하자면, 예수께서 십자가를 지고 가시는 장면의 기도처도 인상적이었습니다. 여기에는 거리에서 흔히 볼 수 있는 아이스크림 카트가 있고, 하얀 코트를 입은 여성이 그 카트 안에서 얼음 조각을 나누어줍니다. 그 얼음 조각 안에는 초록색의 무엇인가가 들어있고요. 사람들은 그 얼음을 받아 손에 쥐고

손 시림을 참아가며 고통스럽게 그것을 녹입니다. 그것이 다 녹으면, 그 안에 있던 초록색의 무엇이 잎사귀임을 알게 됩니다. 예수께서 십자가를 지고 가시는 상황에 대한 정말 매력적인 표현입니다. 개인적이고, 경험적이면서 또 창의적이죠. 여기 사용한 잎사귀는 이 땅에서 난 잎사귀입니다. 우리가 밟고 있는 이 땅이요. 그리스도께서 십자가를 지심은 지금 우리가 사는 이 땅의 원주민을 위함이기도 하다는 의미도 포함되어있어요. 2008년 만들었던 이 기도처는 훌륭했고, 전하고자 하는 이야기도 매우 명확했습니다.

마지막으로, 도시에서 가장 큰 크레인에 원형 우산 모양을 매달아 밤하늘에 떠오른 천사의 후광을 구현한 장면도 있었습니다. 아주 거대했고 인상적이었습니다. 그 아래에서 몇 차례 마오리족의 전쟁 춤인 하카haka 공연을 하기도 했습니다. 이 후광 아래에는 직사각형의 풀밭이 있었는데, 거기는 등에 칼이 꽂힌 사람 조각상이 하나 있었습니다. 이 작품은 그리스도께서 로마 군인에게 체포되실 때, "네 칼을 칼집에 도로 꽂아라. 칼을 쓰는 사람은 모두 칼로 망한다. 너희는, 내가 내 아버지께, 당장에 열두 군단 이상의 천사들을 내 곁에 세워 주실 것을 청할 수 있다고 생각하지 않느냐?"(마태 26:52-53) 말씀하신 장면을 모티브로 만든 것이었습니다. 거대한 규모, 머리 위에 떠 있는 천사의 후광, 그리고 그리스도의 겸손과 외로움, 낮아짐과 비폭력에 대한 헌신이 드러난 압도적이었던 장면이었습니다.

조니 | 소개 감사합니다. 멋지면서 또 가슴이 저며옵니다. 뉴질랜드에서 난 잎사귀처럼, 작지만 강력한 의미의 연결고리를 사용한 것이 아주 흥미롭습니다. 저는 소개하신 십자가 처형 장면 기도처를 봤습니다. 공교롭게도 그 해에 뉴질랜드에서 있었던 끔찍한 살인사건과 관련하여 논란이 되었던 작품이었죠. 그래서 더욱 장소를 빌리기 쉽지 않았을 텐데, 어떻게 하셨나요?

데이브 | 장소 섭외를 위해 기도했어요. 쉽게 허락을 받을 수 있으리라는 확신이 없었거든요. 그리고 공원 관리자에게 연락했습니다. 사용 허가를 해주더군요. 굉장히 놀랐습니다. 정말 예수님께 감사했죠. 그 공원은 일반인에게는 개방되지 않는 곳이었습니다. 3년의 전시를 거치며 지금은 아주 협조적이지만, 처음엔 조경을 담당하는 분들이 저희를 별로 좋아하지 않았습니다. 어쨌든 전시를 하고나면 잎사귀들이 좀 망가지긴 하니까요.

우리는 매일 밤 15개의 작품을 설치하고 그에 맞는 조명을 준비해야 했습니다. 작품 전체에 말이죠. 손이 많이 가는 작업이지만, 불가능한 일은 아니죠. 우리에게는 오후 6시부터 8시까지, 준비할 수 있는 두 시간이 주어졌습니다. 그리고 8시부터 10시까지 작품을 대중에게 공개했어요. 10시에는 작품을 전부 철거했고요. 이 과정을 7일 내내 반복했는데, 함께 시작하고 함께 마치는 일을 하다 보니 공동작업을 긍정적으로 생각하게 되었습니다. 재밌게도, 어떤 사람이 낮 시간에 공원에 찾아오기도 했습니다. 우리가 매일 설치하고 치우는 것을 반복하고 있다는 사실을 믿지 못했답니다. 그래서 그걸 확인하러 왔더군요!

혼돈이 준 선물

닉 휴즈, 케스터 브루윈

조니 ㅣ 벨빈 테스트[1] 결과에서 복스_{Vaux} 구성원이 죄다 '창조자'_{plant} 유형, 시스템을 뜯어고치고 새롭게 만드는 힘을 가진 창조적인 사람들로 나왔다는 이야기가 정말 재밌더군요. 복스는 정말 재능과 아이디어로 가득한 특이한 그룹이죠. 복스를 움직이는 힘은 무엇이라고 생각하시나요? 복스는 큐레이션을 기반으로 하나요? 어떤 한 사람의 영향력이 큰가요?

닉 ㅣ 맞아요, 우리는 정말 여차하면 스스로를 괴롭게 만들 수 있는 사람들입니다. 너무 에너지가 넘치니까요. 우리가 가진 이 에너지

---

1 Belbin Team Inventory. 개인이 팀에서 어떤 역할을 수행하는 것이 좋은지를 알아보는 검사. (편집자 주)

가 교회의 전통에 대한 고민으로 이어질 땐 정말 좋습니다. 반면 우리가 스스로 '지금 틀에 박힌 생각을 하고 있나?' 라는 고민을 하기 시작하면 꽤나 괴로워집니다. 우리는 다양한 교단에서 온 사람들로 구성된 공동체입니다. 그래서 다양한 조직 모델을 실험했어요. 초기에는 주로 프로듀서나 예술 감독이 일을 진행하는 방식을 활용했습니다. 프로듀서도 예술 감독도 큰 틀에서는 큐레이터라 할 수 있겠네요. 또한 우리는 공동체를 개방하는 방식을 주로 사용했습니다. 이를 오픈 스페이스 테크놀로지Open Space Technology라고 합니다. 누구나 올 수 있도록 문을 열어두는 것은 새로운 아이디어를 얻을 수 있는 훌륭한 방법이죠. 이 방식의 원칙 중 하나는 '하겠다고 오는 사람에게 그 일을 맡긴다' 입니다. 이는 임시적 협력 활동 방식이죠. 우리에게 주어진 자원에 만족하고, 우리가 속한 생태계를 존중하는 방식이기도 합니다. 사실 복스가 직접 뭔가를 한 적은 없습니다. 우리가 직접 했다면 더 재밌었을지도 모르겠네요.

조니 | 예배를 큐레이팅 하는 그룹에는 예술가 그룹보다 다양한 사람들이 참여할 수 있겠지요. 그 안에는 공동체의 일원이 되는 이도 있고, 깊이 관여하지 않는 사람도 있을 것 같습니다. 이런 그룹에는 경험이 많은 사람을 끌어들이는 매력과 새로운 이들을 자극하는 도전의 균형이 필요할 것 같아요. 앞서 말한 '하겠다고 오는 사람에게 그 일을 맡긴다' 라는 말은 예술에 있어서는 매우 급진적인 표현이 아닐까 싶습니다. 정말 그렇게 생각하나요? 이

렇게 개방적으로 만들 수 있는 것도 있지만, 특별한 팀이 필요한 경우도 있지 않나요?

닉 ㅣ 네, 저는 그렇게 생각합니다. 이 원칙은 다양하고 창의적인 조직에 적합하죠. 그런데 사실 제가 복스를 운영할 때는 그것을 믿지 않았습니다. 믿었으면 좋았을 텐데 말이죠.

케스터ㅣ 예술가 집단을 움직이는 동기는 무엇일까요? 닉은 동의하지 않을 수 있지만, 생각해보면 저는 큐레이팅이 적게 개입한 상황에서 더 일이 매끄럽게 진행되었다고 생각합니다. 행사 기획의 시작단계에서 만나 아이디어를 공유하고, 각자의 방식으로 주제를 표현하고, 다시 모여 완성하는 방식으로 일하는 것이 좋았어요.

한번은 사람들이 나름대로 최선을 다해서 공간을 기획했는데, 복스의 핵심멤버이자 예술가인 존이 그 기획을 완전히 수정한 적이 있습니다. 그것도 30분 만에요. 그의 개입은 결과적으로 좋긴 했지만, 사실 당황스러웠습니다.

큐레이션에 모든 것을 맡겨야 한다는 '큐레이션 만능 신화'는 경계해야 한다고 생각합니다. 사실 우리가 해온 일 중에는 아주 세부적인 큐레이션이 필요한 상황은 많지 않았습니다. 우리는 구성원이 만든 모든 작품을 다 좋아했거든요.

우리는 매우 수평적 구조를 가지고 있다고 생각했지만, 사실 큐레이션에 있어서는 뚜렷한 영향력의 위계가 있었습니다. 저와 닉, 그리고 앞서 언급한 존이 일종의 작품의 질을 관리하는 감독 같은 역할을 했거든요. 아마추어의 작품과 전문가의 작품 사이의 적절한 균형을 잡는 것은 쉬운 일이 아니었어요. 정말 '좋은' 아이디어를 찾는 것은 역시 어려웠습니다. 좀 심하게 말하면, 어느 정도의 큐레이션이 없으면 사람들은 '끔찍한' 아이디어를 떠올린다고 생각했었죠.

닉 | 동의합니다. '가벼운 개입'은 방향을 설정하는데 꼭 필요합니다. 가벼운 개입은 정말 최소한의 흔적만을 남기는 방식으로, 손자병법이 말하는 최소한의 노력으로 큰 결과를 내기 위한 전략이라고 생각합니다. 이를 위해서는 먼저 구조의 투명성이 있어야겠지요. 우리 공동체의 일부는 수평적 구조를 원했지만, 또 어떤 이들은 좀 더 계층적인 구조를 원했어요. 우리가 어떤 그룹이 되어야하는지 완전히 결정하지 못했기에 이 문제를 풀어나가는 것은 매우 복잡한 일이었습니다. 그런데 돌이켜보면 어떤 구조를 선택했어도 괜찮았을 것 같아요.

앞서 케스터가 '끔찍하다'는 표현과 '좋다'는 표현을 했는데, 당시 저도 이런 생각을 하고 있었습니다. 집착과 같았다고 생각해요. 제 안에서 '우리 그룹은 포용과 참여를 최우선으로 생각해야 할까, 아니면 만들어내는 작품의 질을 우선해야 할까? 이 두 가지는 상호 배타적인 것일까?' 하는 생각이 서로 충돌했어요. 오픈 스페이스 테크놀로지는 이런 긴장을 해소하는데 도움을 주는 방식입니다. 하지만 그룹으로서의 복스는 이 문제를 완진히 해결하지는 못했어요.

조니 | 최소한의 개입만 있을 때 일이 매끄럽게 진행되었다는 회상이

인상적입니다. 저도 그렇게 생각해요. '가벼운 개입'은 성급하게 문제를 해결하지 않게 하는 방식이죠. 복스는 어떤 과정을 통해 아이디어를 구체화 시킵니까? 저는 아이디어가 시작되는 그 상황에 관심이 많습니다. 〈콘크리트 전례Concrete Liturgy〉와 같은 아이디어는 어디서 나타났나요?

케스터 | 아이디어는 흥미로운 것을 계속 파고 들어가는 사람들이 이전의 것과 단절하는 과정에서 자연스럽게 '나타나는 것'이라고 생각해요. 한 예로, 복스에서 '더러움'을 주제로 했던 기획은 닉이 제게 준 책, 루이스 하이드Lewis Hyde의 〈사기꾼이 세상을 만든다Trickster Makes This World〉으로부터 시작되었습니다. 저는 이 책을 시작으로 저자의 다른 책도 접하게 되었고, 그 과정에서 떠오른 아이디어를 공동체와 나누었습니다. 다른 이들에게 매력적으로 느껴질 것을 미리 알아채는 감각은 경험이 없이는 만들어질 수 없겠죠. 하지만 새로운 아이디어는 어떤 것에서부터도 자라날 수 있습니다. 〈콘크리트 전례〉의 아이디어는 티미 베이즈Timmy Bayes가 콘크리트에 대한 관심을 갖게 된 이후, 안도 타다오Tadao Ando의 콘크리트 교회를 알게 되고, 이를 지금 우리의 상황에 엮으면 어떨까 하는 아이디어로 시작된 것입니다.

닉 | 복스는 예배 큐레이터의 가능성을 보여주었지만, 실제로 예배 큐레이터가 존재하지는 않았습니다. 우리가 스스로를 큐레이터라 생각하지 않았거든요. 큐레이터라고 생각했으면 좀 더 똑똑해보였을지도 모른다는 아쉬움이 드네요. (웃음) 중요한 것은,

가벼운 개입이 우리의 실천에 영향을 주고, 또 많은 의미를 남겼다는 것입니다. 만약 복스가 아주 딱 맞게 잘 짜여진 큐레이션을 바탕으로 작업을 했다면 지금과는 아주 달랐을 것 같습니다. 어쩌면 혼돈에서 오는 선물을 받기 위해 불균형과 긴장이 필요했던 걸까 싶네요. 우리가 한 일들은 주로 설계보다는 우연하게 마주한 아이디어를 바탕으로 이루어졌어요. 우리가 한 일은 그저 우연을 큐레이팅 하도록 환경을 조성한 것일지도 모릅니다. 우연히 일어난 일과 그 일에서 오는 에너지, 그리고 그 에너지를 새로운 움직임으로 이어가는 것이 우리가 했던 일입니다.

실제 사례 몇 가지를 소개하겠습니다. 저에게 인상 깊게 남았던 세 가지의 사례입니다.

뒤집힌 십자가

두 명의 무용가가 춤을 통해 성사의 의미를 보여주고자 했던 작품입니다. 온몸이 떨릴 정도로 강렬한 비언어적 전례였어요. 한 무용가가 다른 무용가를 거꾸로 들어 제대를 향해 걸어갔거든요. 뒤집힌 무용가의 팔은 십자가에 매달린 것처럼 펼쳐져 있었고요. 이를 준비하는 과정에서 춤이 예배 안에서 어떤 기능을 할 것인지, 그리고 그것이 어떤 방식으로 더 넓은 생각을 끌어낼 것인지에 대한 논의를 하긴 했습니다. 그러나 세부사항은 무용가들의 몫이었습니다. 우리는 그저 무용가들이 할 수 있는 최선을 다 해주길 기대했어요. 결과는 전혀 예상하지 못했던 장면으로 나타났습니다. 지금 생각해도 정말 숨 막히는 장면입니다.

이 작품은 그룹 전체의 작품이라고 할 수 있습니다. 그룹이 포괄적인 아이디어와 주제를 결정하고, 춤이 전례와 창의적으로 결합했으니까요. 그룹이 이 아이디어를 내지 않았다면, 이 강렬한 장면은 만들어질 수 없었을 겁니다. 여기서는 구체적으로 누가 큐레이터인지 명확하게 알 수 없지요. 그룹이 함께 무대에 모여 무용가가 그 안에서 창의적인 표현을 할 수 있도록 환경을 만들고, 무용가와 상호작용하며 만들어낸 작품이라 하겠습니다.

찢어진 휘장

이 작품은 성 베드로 성당의 부활절 예배에서 행해진 비언어적 전례입니다. 성찬을 나눈 뒤 함께 하는 기도의 순간, 예배 내내 걸려있던 천장에서 바닥까지 이어진 긴 커튼이 갑자기 반으로 찢어지도록 구성했습니다. 그리스도께서 숨을 거두신 순간 성전 휘장이 찢어진 사건을 재현한 작품이었습니다. 아주 노골적으로 주제를 표현한 작품이라고 볼 수 있지요.

찢어진 휘장은 그 자체로 전례적 의미를 가지고 있다고 볼 수 있습니다. 예배의 전체 순서가 이 작품의 의미를 뚜렷하게 했고요. 복스의 구성원들은 아마 평소처럼 그 순간을 자신만의 의미로 해석했을 것입니다. 이 사례에서 큐레이션의 역할을 생각해본다면, 의미를 연결하기 위한 공간을 만들어낸 것이라고 할 수 있겠네요.

더러운 예배

제가 아주 좋아하는 작품입니다. 최초의 계획은 예배가 끝나갈 때 빵과 포도주를 '박살내는' 것이었어요. 이 예배의 핵심 주제는 '더러움'이었으니까요. 우리는 평소처럼 성찬을 받으러 나갔고, 거기서 빵과 포도주를 내던졌습니다. 그 상황은 꽤 격렬했어요. 누가 무엇을 어떻게 했는지는 사실 잘 기억이 나지 않습니다. 하지만 한 가지 확실히 기억하는 것은, 바네사가 바닥에 나뒹구는 빵과 포도주를 모아 다시 테이블에 올려놓았다는 것입니다. 놀랍고, 심오하고, 감동적인 순간이었어요. 전혀 계획된 사건이 아니었고, 바네사와 미리 이야기를 나누지도 않았습니다. 우리는 그저 성찬을 엉망으로 만드는 것까지만 생각했고, 심지어 어떻게 끝낼 것인지조차 생각하지 않았어요. 복스는 항상 그렇게 해왔으니까요. 우리가 만든 그 단절된 순간에는 거대한 공허가 뒤덮여 있었습니다. 하지만 이런 상황과 분위기에서도 바네사는 순수하게 자신의 생각에 반응했어요. 이것 또한 복스의 방식입니다. 상황을 설정하고 그저 즉흥적으로 움직이는 방식으로요. 우리는 그렇게 예배합니다.

저는 이것을 '상황을 큐레이션한 것'이라 생각해요. 제가 틀렸을지도 모릅니다. 하지만 우리는 우연이 발생하도록 상황을 만드는 것만 할 수 있다고 생각해요. 우리가 너무 딱 맞는 큐레이션을 한다면, 아름다움의 순간을 만날 수 없을 것입니다. 모든 좋은 디자인이 그렇듯, 우리 역시 규칙을 벗어나있습니다.

케스터 | 닉이 복스는 '예배 큐레이터의 가능성을 보여주었지만 실제로 큐레이터는 존재하지는 않았다' 고 한 말에 동의합니다. 가끔 예배를 위한 담당자를 정하기는 했지만, 저는 우리가 큐레이터나 예술가로 기능하기에는 조금 부족한 부분이 있다고 생각합니다. 닉의 말처럼, 돌이켜 생각해보면 우리가 한 것들을 큐레이팅이라고 볼 수는 있겠네요. 완벽한 큐레이팅이라고 할 순 없지만요.

뭔가 정해지지 않은 그 상태가 우리에게 중요한 것을 준다는 것에는 동의합니다. 저는 최근에 '변화의 시점', 예를 들면 바울의 회심이나 베드로의 환상 등에 대해 이런저런 생각을 하고 있습니다. 우리는 혼란 속에서, 또는 기존의 틀에서 벗어남을 통해 일어난 변화에 대해 이미 알고 있는 것들이 많습니다. 소위 '정통' 이라 여겨지는 것, 오랜 시간 축적한 문화적 자원을 소유한 전통에 반대하는 움직임은 과소평가되기 쉽습니다. 하지만 변화는 그 움직임을 통해 일어나죠. 영적인 관점에서 보면, 정통이라 여겨지는 것들이야말로 틀에 박힌 것으로 보일 수 있습니다. 저는 복스가 하는 일들이 전통 교회의 완고함에 균열을 낼 수 있을지를 고민합니다. 만약 균열이 생긴다면, 다시 봉합되지 않을 겁니다. 아니, 오히려 이를 봉합하고 싶지 않을 겁니다. 가끔 예전을 그리워할 수는 있겠지만, 다시 예전으로 돌아갈 이유는 없겠지요. 기존의 틀을 벗어나 사는 것은 좀 피곤한 일이긴 해도요.

닉이 언급한 사례에 대해 조금 더 설명을 하자면, 〈뒤집힌 십자가〉는 교회를 야전병원으로 보는 관점에서 시작되었어요. 지금의 저는 이 관점에 동의하지 않지만, 당시에는 적절하다고 생각했습니다. 무대 뒤에는 영상이 투사되었고, 흐르는 음악에 맞춰 두 명의 무용가, 머브 브로튼Merve Broughton과 에스더 베이커Esther Baker가 춤을 추었습니다. 두 사람이 무대 뒤의 영상과 어울릴만한 안무를 만들 시간은 부족했으리라 생각합니다. 하지만 그들이 만들어낼 결과물에 대해서는 전혀 걱정하지 않았어요. '가벼운 개입' 방식의 큐레이션은 전적으로 예술가에게 맡기는 것입니다. 우연히 발생한 순간에 의미를 부여하는 것이죠. 그리고 그곳에 있는 이들은 어떤 작품이 나올 것인지 전혀 모르기 때문에 작품을 보며 예기치 못한 '선물'을 받을 수 있습니다. 우리는 영상과 춤에 관여하지 않았지만, 분명히 그 장면은 의미가 있었습니다.

〈찢어진 휘장〉도 마찬가지입니다. 가운데를 꿰맨 거대한 붉은 천 조각을 설치하는 과정을 여러 사람이 함께 준비했습니다.

성찬을 나누고 예배가 거의 끝날 무렵까지도 예배에 참여한 사람들은 휘장이 찢어질 것이라 전혀 생각하지 못했을 겁니다. 사실 이 장면에서도 춤을 사용했어요. 휘장이 찢어지고 무용가들이 그 찢어진 틈으로 나와 춤을 추는 장면이 있었습니다.

〈더러운 예배〉는 시작부터 상징성에 주목했습니다. 우리가 사용한 제대는 아주 새하얀 색의 네모난 제대였어요. 여기에 빵과 포도주를 올려뒀고요. 성찬의 전례에서 '이것은 너희를 위하여 찢긴 내 몸이다' 라고 말하면서 존이 빵 덩어리를 내려놓고 조심스럽게 자른 다음, 내리쳐서 으깨버리는 것을 계획했어요. 포도주도 마찬가지였고요. 이는 매우 폭력적이고, 충격적인 사건으로 인식될 수 있었습니다. 우리는 사람들이 정말 십자가를 마주했을 때 어떤 충격을 받을지를 생각하며 이를 준비했습니다. 비밀리에 준비했기 때문에, 아주 극소수의 사람들만이 벌어질 일을 알고 있었죠. 사건이 벌어진 후, 널브러진 빵조각과 쏟아진 와인을 앞에 둔 사람들이 '우리가 이제 뭘 어떻게 해야 하지?' 라는 생각에 멍하니 있을 때, 바네사가 부드럽게 일어나 빵과 포도주를 제자리로 돌려놓았습니다. 마치 막달라 마리아처럼요. 정말 감동적인 순간이었어요.

이 장면을 위한 계획, 큐레이션이 있었던 것은 맞습니다. 그러나 이것이 억지로 짜낸 것은 아니었어요. 우리가 너무 완벽함을 추구했다면, 아름다움을 만날 수 없었겠죠.

닉 | 니콜라 부리오Nicolas Bourriaud의 〈포스트프로덕션Postproduction〉에 이런 말이 있습니다.

> 디제이와 프로그래머로 대표되는 새로운 문화 지평에서는 독창성의 개념은 물론, 창조라는 개념까지도 서서히 사라져가고 있습니다.[2]

---

2 Bourriaud, Postproduction: Culture as Screenplay(new York: Lukas and Sternberg, 2002).

이미 만들어진 것을 리믹스하고 샘플링하는 것은 창조가 아닌 제작입니다. 복스도 그런 차원에서는 제작을 하고 있는 것이죠. 저는 개인적으로 큐레이터의 수호성인은 마르셀 뒤샹Marcel Duchamp이라고 생각합니다. 남성용 소변기를 새로운 맥락에서 해석하도록 한 것은 획기적인 일이었습니다. 이것을 시작으로 다양한 활동들이 시작되었어요. 예를 들면, 기신Gysin과 버로우Burrough의 컷업 기법, 시츄에이셔니스트Situationist의 〈납치Detournement〉, 펑크 장르에서 사용하는 브리콜라주 기법, 힙합 장르의 샘플링, 음악의 매시업Mash-up같은 것이 새로운 맥락에서의 해석을 기반으로 한 것들이라 할 수 있겠습니다.

저는 큐레이션을 방향을 잡는 일, 방향을 바꾸는 일이라고 이해하는 것이 좋다고 생각합니다. 큐레이터는 다른 사람의 아이디어와 작업을 가져다가 새롭게 배치하는 사람입니다. 그리고 여기에 맥락을 더하여 새로운 의미를 만들어내는 일을 하죠.

조니, 저는 당신이 상상력, 큐레이션, 그리고 세상을 새롭게 만드는 일에 열정적인 사람이라고 생각해요. 마투라나Maturana와 바렐라Varela는 '세상은 성찰을 통해 태어난다'[3]고 말했습니다. 정말 놀라운 통찰이 아닐 수 없어요. 그리고 이런 맥락에서, 예배는 세상을 바꾸기에 아주 좋은 방법입니다. 저는 이 말을 제가 디자인이나 주제를 정하는 방식을 가르치는 수업에서 자주 인용

---

3 H. Maturana, F. Varela, The Tree of Knowledge(Boston, MA: Shambhala Press, 1987).

합니다. 디자이너는 본질적으로 세상을, 세계관을 만드는 사람이니까요.

조니 | 닉, 위계와 통제를 선호하던 과거에서 어떻게 협력과 참여의 방식으로 눈을 돌리게 되었는지 이야기를 더 해볼까요? 저는 이런 변화를 매우 환영합니다. 특히 예술계에서 이런 변화라면 더욱 의미 있죠. 그러나 협력과 참여만으로 작업을 하는 것은 어떤 한계가 있지 않나요? 이론적으로는 좋지만 실제 현장에서 적용하는 것은 어려운 일이니까요. 각자가 가진 능력이 모두 다름에도 불구하고, 정말 모두가 동등한 정도의 기여도를 가질 수 있도록 하는 것이 가능한가요? 또, 최소한의 큐레이션으로 모두가 행사를 함께 만들어간다 해도 방향성을 설정하고 미리 준비하는 작업이 필요하지 않나요?

닉 | 모든 사람이 동등하게 기여할 수 있는지를 묻는 것은 매우 중요하다고 생각합니다. 이 질문은 그 그룹이 어떻게 구성되었는지를 보여주는 질문이죠. 해결할 수 없는 문제는 아닙니다. 다만 변화는 필요하겠죠. 다양한 목표와 많은 이들의 능력을 관리하는 과정에서 실망과 좌절이 없을 수는 없어요. 여기서 중요한 것은 어떻게 사람들이 모여서 더 큰 일을 할 수 있는지를 고민하고, 성급한 결정을 내리는 대신 오랜 시간 깊이 의견을 공유해야 한다는 것입니다. 그룹의 에너지를 긍정적인 방향으로 움직이도록 돕고, 자신과 타인을 파괴하는 방식을 선택하려는 문화를 거부해야합니다. 제가 복스를 통해 하고자 했던 것이 바로 이런 일

입니다.

사람들은 자신의 환경에서 흥미로운 것을 이끌어냅니다. 좋은 예를 하나 소개할게요. 존이 우리가 소위 근대주의자들의 규범을 침범하고 있는 현대 그래픽 디자인을 어떻게 생각하고 있는지를 보여주자고 제안했습니다. 그의 목적은 사람들이 특정 그룹에 속해있음을 행동과 표현을 통해, 일종의 '의례적인' 소통 방식을 통해 보여주는 것이었습니다. 흔히 하는 '매체가 메시지 그 자체이다' 라는 생각이죠. 그래서 우리는 좌측정렬, 헬베티카 Hevetica 글꼴, 제한된 색 조합을 사용한 딱딱한 전례문을 만들었습니다. 당시에는 이 표현 방식이 우리의 전례적 무기라고 생각했어요. 이때 만든 전례문을 아직도 가지고 있습니다.

당시 이런 우리의 디자인 기조는 저 혼자 알고 있었습니다. 다른 누구도 복스의 시각 디자인을 고치는 것이 허용되지 않았어요. 지금 생각해보니 조금 부끄럽습니다. 당시 디자인과 관련해서는 제가 하향식 계층적 모델을 선호했거든요.

다른 이들도 그렇지만, 저는 9시 예배Nine O'Clock Service[4]에 많은 영향을 받았습니다. 그래서 만약 복스가 부서를 분리하여 운영할 수 있었다면, 아마 그렇게 했을 겁니다. 과거 저는 전문 영역에서 하는 것처럼, 공연 기획사가 전반적인 과정을 담당하는 방식을 선호했습니다. 이 방식에서 최종 결정권은 예술 감독이 가

---

4 청소년 중심의 대안적 예배. 1995년 성적, 정서적 학대 혐의로 인해 중단되었다.
(역자 주)

지거든요. 하지만 이 방식은 지금 시대, 특히 교회와는 맞지 않는다고 생각했습니다.

모든 사람이 전부 참여할 수 있는지 아닌지를 따지는 것은 중요하지 않습니다. 중요한 것은 모든 사람이 행복한지를 묻는 것입니다. 모두 함께 일하는 과정이 자신의 미적 기준에도 부합하면서도 즐거운지 묻는 것이 중요합니다. 모든 사람이 자신이 표현하고 싶은 것을 만들어낼 수 있도록 기회가 열려있어야 합니다. 그리고 그렇게 만들어진 작품은 어떤 방식으로든 존중되어야 하는 것이죠.

지금 생각해보면, 앞서 말한 '딱딱한 전례문'은 두 가지 이유로 이상합니다. 하나는 당시에는 이것 외에 다른 접근은 생각할 수 없었기에 나온 결과라는 것, 다른 하나는 모더니즘적 사고를 기반으로 한 결과라는 것입니다. 그래서 결과적으로 아주 통제된 형태가 된 것이죠. 그러나 이 시기는 제가 '메타디자인'이라는 개념을 접하기 전이었어요. 간단한 규칙과 자동화된 시스템만 있으면 누구나 결과를 내놓을 수 있는 것이 모더니즘의 특징입니다. 그러나 이보다 메타디자인적 접근, 혹은 큐레이션을 하는 것이 핵심 의미를 표현하기에 더 적절할 수 있습니다.

메타디자인은 '디자인을 넘어서는 디자인', 혹은 만들어내고자 하는 것이 속한 영역 바깥에서 디자인 방법론을 가져오는 방식을 말합니다. 대안적 예배가 이 메타디자인 개념의 좋은 예라고 할 수 있습니다.

다시 복스를 결성한다면, 저는 현장의 이야기를 더 많이 듣고, '가벼운 개입'을 할 것 같습니다. 어떤 기획이나 디자인에 대한 의견 차이가 있다면, 상향식 방식을 통해 깊은 논의를 할 겁니다. 그런 생동감이 그룹의 정체성을 형성합니다. 실천과 반복을 거쳐야 합니다. 예를 들어 개미나 흰개미, 말벌과 같은 곤충은 단순한 규칙에 기반한 반복적인 행동으로 매우 복잡한 조직 구조를 구축해냅니다. 교회도 이와 다르지 않을겁니다. 모든 이들이 자신의 생각을 구현할 수 있도록 하는 시스템이 디자인 되어야 합니다.

물론 이렇게 되기 위해서는 공동체 구성원 모두의 동의를 이끌어낼 수 있는 장이 있어야겠지요. 그래서 투명하고 명확한 의사소통이 필요합니다. 수평적 구조를 가져야 함은 물론이고요. 기관이 아닌 공동체, 계층이 아닌 연결망이 만들어져야 합니다.

조니 | 사고 변화의 흐름이 좋네요. 제가 속한 그레이스는 종종 경험이 많은 이와 새로운 큐레이터를 팀으로 묶는 방식으로 문제를 해결했던 것 같습니다. 뭔가 잘 안 되는 것 같다 싶으면 우리는 가능한 그 상황 설명을 들었고, 함께 하는 이들을 다독이면서 서로 배우려고 노력했어요. 미학적 관점과 취향 차이가 생기기도 했습니다. 그러나 우리는 공동체의 동의를 얻는 것을 중요하게 생각했습니다. 누구가 하고 싶은 것이 생기면 적극적으로 자원했습니다. 큐레이터에 의해 그 아이디어가 채택되지 않는 경우도 있었죠. 그러나 그 결정 또한 신뢰했습니다. 뭔가 하고싶은 것이

생기면, 큐레이션을 요청하도록 했어요. 그래서 우리 공동체에는 지금까지 떠난 사람이 아무도 없습니다. 물론 이 과정에서 좌절을 경험할 수도 있습니다. 그러나 그 또한 좋은 경험이 될 수 있어요. 공동체에서는 우리가 창의성, 참여, 위험, 약속 등으로 표현하는 일종의 에토스$_{ethos}$가 있습니다. 공동체 구성원 사이에서 논쟁이나 갈등이 생기는 상황에서도 에토스가 작동합니다. 그렇기에 참여하는 것 자체가 의미 있는 일이 됩니다. 하지만 항상 긴장감이 있겠죠. 저는 이것이 예술계에는 없는, 예배 큐레이션의 특징이라고 생각해요.

어쨌든, 복스를 다시 결성한다면 지금까지와는 다른 접근으로 할 수 있다고 생각하시는 것 같네요. 새로운 방식이 성공할 것이라 생각하십니까?

닉 | 네. 새로운 방식을 시험해보고 싶어요. 정말 제대로 해보고 싶습니다. 상향식 접근, 스스로 고민하고 구성해나가는 방식의 접근이 저에게는 정말 흥미로운 시도가 될 것 같거든요. 그게 언제가 될지는 잘 모르겠지만, 지속적으로 이에 대한 이론적인 것과 실천적 방법을 찾고 있습니다. 제가 블로그에 이런 글을 쓴 적이 있어요.

저는 '복스'라는 이름의 창의적 조직의 일원입니다. 복스는 작가, 예술가, 디자이너, 디제이, 사회적 기업 대표가 모인 독특하고 조금은 혼란스러운 조직입니다. 이 조직은 자신들이 배운 것을 매월 모여 교류하는 '오픈소스 신학' 모임으로 시작했습니다. 그리스도교는 이 조직의 물리적, 개념적 뼈대가 되었고, 구성원들은 여기에 쓸만하다 싶은 경험이라면 무엇이든 연결했습니다. 결과적으로 이 조직은 신앙을 새롭게 형성하는 광대한 놀이터가 되었습니다.

누군가 어느 체제에 대해서 이야기할 때, 과연 그 체제와 전혀 상관없는 새로운 체제를 상상하는 것이 가능할까요? 어쩌면 우리에게는 초월을 생각하지 않는 새로운 형이상학이 필요할지도 모릅니다. 복스는 과거 우리가 비판했던 제도 안에서 태어났습니다. 피할 수 없는 현실이었다고 생각해요. 마치 마르크스가 자본주의의 한계를 넘기 위해 은행가보다 더욱 자본주의에 집착하는 것처럼 말이죠.

당신이 말한 것처럼, 우리는 규범을 바꾸는 것, 그리고 믿음을 재형성하는 것이 필요해요. 아마 이 과정에서 창작자의 권위를 해체하는 것이 가장 어려운 일이 되지 않을까 싶습니다. 이미 많은 부분에서 권위를 해체하는 일의 중요성이 대두되고 있습니다만, 이것은 특히 큐레이션에서 더욱 필요하고, 의미가 있다고 생각합니다. 창작자가 세운 규범과 그 권위를 아예 제거하는 것은 아니지만, 이것을 해체하여 창의적 활동의 재료로 사용하는 것이죠. 그것이 우리가 생각하는 것만큼 중요하지 않으니까요.

특히 누군가와 함께 작업을 하는 경우, 사르트르가 말한 저자의 죽음Death of the Author, 즉 창작자의 권위를 해체하는 것이 중요합니다. 각자가 어떻게 제작에 기여할 것인지, 의미를 만들어낼 것인지도 이야기해야 합니다. 맥락이나 쓰임새 같은 강력한 외부 요인도 고려해야 하고요. 일상적 물건이 가지는 의미를 재해석하기 위해 공간적 맥락을 사용했던 뒤샹의 작품은 창작자의 권위를 해체하는 '맥락'의 힘을 보여주는 좋은 예입니다. 이아인 보든_{Iain Borden}이 건물 난간을 스케이트보드의 미끄럼틀로 사용하도록 한 것은 '쓰임새'가 창작자의 권위를 해체하는 방식을 보여주는 예제이고요.[5] 이런 맥락에서 파쿠르_{Parkour}도 장애물의 쓰임새를 새롭게 해석하여 이를 운동으로 바꾼 좋은 예가 될 수 있습니다.[6]

조니 ㅣ 저는 창작자의 권위를 해체하는 것이 필요하다고는 생각하지만, 전적으로 동의하진 않습니다. 그 개념은 다소 부풀려졌다고 생각해요. 저는 다양한 형태의 의미를 찾는 것에 익숙한 편이고, 창작자가 의도한 의미를 흔드는 것에 흥미를 느끼지만, 결과적으로 의미는 창작자와 회중 사이의 관계성에 있다고 봅니다. 예배 큐레이션을 할 때, 큐레이터가 의도한 것과 회중이 느끼는 바는 분명 다를 것이라고 생각해요. 이 부분이 도전의식을 불러일으키죠. 회중은 자신만의 신학적 사고, 신학적 자산을 가지고 있

---

5 Borden, Skateboarding, Space and the City: Architecture and the Body (oxford: Berg, 2001), p.192.

6 프리러닝으로도 알려진 파쿠르는 장애물을 극복하는 운동이다. 프랑스에서 시작하여 도시 스포츠로 자리 잡았다.

으니까요. 저는 큐레이션을 세상을 만드는 일이라 생각합니다. 여러 가지 가치를 수용하는 개방성이 필요하지만, 한편으로는 큐레이션을 통해 표현해야하는 의미도 있다고 생각하고요. 그래서 저는 창작자의 권위를 완전히 해체하는 것을 완전히 동의할 수 없어요. 부활 전야를 생각해보세요. 어둠 사이에서 터져 나오는 부활이 말하고자 하는 의미는 명확하지 않습니까? 이는 지배적 의식에 저항하고, 세상을 바라보는 관점을 뒤집고, 다른 방식으로 존재하는 세상이 있음을 드러내는 것이죠.

두 분은 우연히 돌파구를 발견하게 되는 경험을 이야기하셨는데요, 분명 감동적인 순간이었을 것입니다. 저는 이 경험을 하느님의 존재를 마주친 순간이라고 표현할 수 있다고 봅니다. 마주침이란 무엇일까요? 마주침의 순간은 어떻게 일어나는 것일까요? 저는 전례는 성령의 바람이 불어오는 창과 같다고 생각합니다. 그렇기에 저에게 있어 전례는 변화의 순간입니다.

복스에서 드린 예배에서도 그런 순간이 있었어요. 거대한 런던의 지도를 펼쳐놓고, 사람들이 자신이 오가는 길을 그리도록 했습니다. 그리고 그 지도에 자외선 조명을 비췄어요. 지도에 '그리스도께서 계시는 곳'이 나타났습니다. 이 도시 모든 곳에 그리스도께서 계셨죠. 순간 울컥하여 목이 메었습니다. 이런 경험에 대해 어떻게 생각하시나요? 여기서 큐레이션은 어떤 역할을 했다고 보십니까? 우리는 하느님의 임재를 바라고 있는 것인가요?

케스터 | 말씀하신 사건은 성령께서 이끄신 순간이라고 생각합니다. 눈에 보이는 것보다 더 깊은 차원의 무언가로 우리를 이끄는 것은 성령께서 하시는 일이죠. 우리는 그 순간 상처와 치유의 가능성 모두를 보게 됩니다.[7]

사르트르는 우리의 정체성은 사실성과 초월성의 역설에 달려 있다고 합니다.[8] 내가 하는 일이 나를 구성한다는 것은 의심의 여지가 없어요. 하지만 그게 나의 모든 것을 구성하는 것은 아닙니다. 우리는 행동의 총합이 아닙니다. 그렇기에 인간이죠. 그리고 우리는 전적으로 초월적 존재도 아닙니다. 단지 인간일 뿐이죠. 인류는 사실과 초월 사이에서 일어나는 대화, 그 역설 사이에 있습니다. 사실과 초월을 연결하여 우리가 어떤 사람인지 알게 하는, 우리가 살아가는 현실의 본질을 인식하게 하시는 분이 바로 성령이십니다. 그리고 그 사실성 너머 초월로 인도하시는 분 역시도 성령이시죠.

예배는 사실성과 초월성 어느 쪽도 무너지지 않도록 하는 과정이라 생각합니다. 예배는 사람들이 현실을 인식하게 하지만, 현실 너머의 것도 볼 수 있도록 합니다. 사실성만 남긴다면 그것은 지루한 말잔치입니다. 초월성만 남는다면 어떤 근거도 없는

---

7 이 아이디어는 지젝과 밀뱅크의 책 〈예수는 괴물이다〉(마티, 2013)에서 착안했다.

8 철학 팟캐스트(the Philosophy Bites podcast)에서 논의된 내용. 〈http://philosophybites.com/2009/02/sebastian-gardner-on-jeanpaul-sartre-on-bad-faith.html〉.

허무맹랑한 이야기가 되고요. 앞서 언급했던 런던 지도 장면이 좋은 예가 되겠네요. 지도는 사실성을 보여줍니다. 우리에게 친숙하죠. 여기에 자외선 조명을 비추었을 때 드러나는 것은 초월입니다. 친숙함을 새로움으로 변화시키는 것입니다. 여기서 우리는 어떤 힘을 느끼게 되는 것이죠.

이것을 계획하는 것은 불가능하지 않을까요? 이를 공식화 시키는 것도 불가능하다고 봅니다. 오히려 계획을 세우려고 하면 이런 순간을 마주할 수 없게 된다고 생각해요. 그러나, 예배의 중요성을 확실히 인식하고, 예배를 통해 초월성을 발견할 수 있도록 돕는 것은 필요하다고 봅니다. 복스가 잘 하는 일이었죠. 우리는 흔한 것, 진부한 것을 새롭게 볼 수 있도록 도왔습니다. 그리고 그 과정에서, 우리도 모르게 상처는 그 자체로 치유가 아닐까 하는 생각에 도달하게 된 것 같아요.

조니 ∣ 이야기를 듣다보니 우리가 함께 작업하며 있었던 사건이 생각나네요. 당시 제가 그린벨트 이벤트 총괄이었는데, 당신에게 복스에 대한 글을 써달라고 요청했었죠. 저는 그 글을 받고 고민을 좀 했습니다. 글이 난해했고, 뭔가 '허세'가 있다고 느꼈거든요. 이렇게 이야기해서 죄송합니다. 그런데 정말 그렇게 느꼈어요. 제가 글을 좀 더 명확하게 써달라고 요청했는데, 당신은 그걸 거절했거든요. 그래서 저는 당신이 부내온 글을 머리를 쥐어뜯으며 네 번이나 읽어야 했습니다. 맞습니다. 예술은 직접적으로 표현하지 않아야 한다고 생각해요. 너무 사실적으로 드러내면 지루해질 수 있으니까요. 이 부분에는 동의합니다. 그런데, 이것이 소위 '복음주의'의 문제 아닌가요? 교회나 예배가 너무 뭉뚱그린 표현만 사용하고 있는 것은 아닐까요? 저는 이 문제가 만연하다고 봅니다. 미성숙하게 느껴져요. 대화를 이어가다보면 깊이라는 것을 느낄 수 없거든요.

제가 대안적 예배에 깊은 애정을 느끼는 부분은 매일의 일상과 우리의 문화를 예배에 녹여낸다는 것입니다. 이를 통해 두 가지를 경험할 수 있어요. 하나는 우리가 살고 있는 세상을 교회로 가져와서, 하느님께서 우리의 매순간을 함께 하신다는 것을 보여주는 것, 또 다른 하나는 매일의 삶에서, 또 예배의 순간에서 하느님을 만나는 순간을 경험할 수 있도록 하는 것입니다.

케스터ㅣ 오, 미안합니다. 당시 그저 딱딱하게 보이려는 것은 아니었어요. 정말로요. 사실적 표현이 의미를 흩어버린다고 생각하지도 않습니다. 예술이 좋은 큐레이팅을 만난다면 사실성과 초월성 모두를 균형 있게 가질 수 있을 것입니다. 닉이 이야기 했지만, 앞서 언급한 런던 지도 작품은 사실성 초월성 모두를 가졌기에 강력한 인상을 남길 수 있었다고 생각합니다. 런던 지도의 사실성이 관객에게 친숙함으로 느껴지지 않았다면 감동이 반감되었을 것이고, 자외선 조명이 주는 초월성이 없었다면 그것은 그저 런던 지도일 뿐이었겠죠.

이런 맥락에서, 큐레이션은 사실성과 초월성 사이의 역설과 긴장이 존재할 수 있는 공간을 만들어내야 한다고 생각합니다.

소위 '복음주의'는 추상적이고 뭉뚱그려진 이야기를 반복하며 의미를 퇴색시키는 경향이 있습니다. 또 한편으로 엘리트주의가 묻어나는 교회에서는 합리적이고 이성적인 이야기만을 늘어놓아 복음의 의미를 축소시키는 경우도 있고요. 둘 다 서로에게 배워야합니다. 대안적 예배는 이 두 영역이 서로 만나 배울 수 있는 곳입니다. 그래서 흥미로운 것이죠. 은사주의적 성격을 지닌 복음주의에서 시작된 대안적 예배가 초월을 향한 보다 깊은 갈망을 보이는 것 같은 현상들이 좋은 예입니다.

세라노Andres Serrano의 사진 〈오줌 속에 잠긴 예수Piss Christ〉[9]를 생각해보세요. 이 작품은 사실성과 초월성의 사이를 완전히 무너뜨리는 예가 될 수 있습니다. 역설적 상황에서 이 경계가 무너지는 것이죠. 이것이 '규범을 넘어서는 큐레이션'일 수 있다고 생각합니다. 복스가 항상 관심을 가졌던 것이 바로 이것이었고요.

조니 | 초월은 도대체 뭘까요? 초월을 어떻게 이해할 수 있죠?

케스터| 사르트르와 지젝이 말한 것처럼, 초월은 설명 너머의 의미라고 생각합니다. 예를 들어, 우리가 닉에 대해서 아무리 많은 설명을 한다고 한들, 그의 안에는 여전히 '심연'의 영역이 존재하죠. 소셜 미디어가 인기를 끄는 이유가 어쩌면 이것일지도 모릅니다. 사실 심연에 다가가는 것은 불가능한 일입니다. 그러나 사람들은 계속 파고들다보면 그 내밀한 영역에 도달할 수 있다고 생각

---

9 안드레스 세라노의 작품. 자신의 소변을 담은 유리병에 십자고상을 넣고 촬영한 사진이다. (편집자 주)

하는 것 같아요.

닉 | 큐레이팅... 큐레이팅...

전통의 깊은 우물에서 길어 올리는 새로움

수 월리스

조니 | 예배 큐레이팅에 대한 생각을 말씀해주세요.

수 | 먼저 예배를 큐레이션한다는 생각은 아주 매력적이라고 생각해요. 예배에 대한 두 가지 관점이 있다고 봅니다. 최근 떠오르는 관점은 '회중이 곧 사제'라는 생각이죠. 이것은 공동체에서 어떤 한 사람이 책임을 가지는 것을 거부합니다. 적어도 이론적으로는요. 하지만 실제 현장에서는 리더십이 나타나게 되죠. 특히 저는 1995년, '9시 예배'의 문제를 직접 해결하는 입장에 있었어요. 권력의 남용이 이 끔찍한 사건의 주요 요인이었습니다. 저는 이 사건을 계기로 위계적 리더십에 회의를 가지게 되었어요. 이 것이 제가 성직 과정을 시작하는 것을 망설이게 했던 이유입니

다. 하지만 실제 성직 과정에서는 사목자는 협력을 이루어내는 팀의 리더로 기능해야 한다고 가르친다는 것을 알게 되어 다행이라 생각합니다.

이와 반대로, 예배에는 반드시 리더가 있어야 한다는 관점도 있습니다. 이러한 관점에서는 리더에게 권한을 부여하는 것이 창의성을 더 발산할 수 있다고 봅니다. 우리가 트랜센던스 Transcendence를 시작할 때 함께한 요크 대성당York Minster의 선창자였던 제레미 플레처Jeremy Fletcher가 이런 견해를 가지고 있었습니다. 그는 자신은 여러 사람이 예배를 함께 구성할 수 있다고 생각하지만, 여전히 한 사람이 아이디어를 주관하는 것을 선호한다고 말한 적이 있습니다. 제레미는 1980년 은사주의 운동에 참여했던 사람입니다. 그는 이 경험을 통해 회중이 혼란에 빠지지 않고 자발성을 가질 수 있도록 하는 유일한 방법은 명백한 '책임'을 가진 사람을 세우는 것이라 믿었습니다. 그는 이를 설명하기 위해 몇몇 은사주의 교회에서 사용했던 '계획된 자발적 행동'을 언급했는데요, 이를 생각해보면 제레미는 리더를 세워 그가 예배 전체를 이끌어가도록 하는 것이 회중들이 자신의 은사를 발견하는데 더욱 효과적이라고 여긴 것 같습니다.

제레미는 우리 공동체 비전스Visions가 돌아가면서 예배 인도를 맡는다는 것을 알고 있었습니다. 그는 이것을 보고 예배에서 마이크를 가진 사람이 대표자의 역할을 하는 것이라고 언급했어요. 마이크를 마치 영대stole와 같은 기능을 하는 것으로 본 것이죠. 그러나 어쨌든, 우리는 현장에서 이 두 가지 다른 관점을 가진 사람들이 함께 일할 수 있는 방법을 찾아야 했습니다. 흥미로운 문제였습니다. 우리가 꼭 해결해야 하는 문제였고요. 아마 이 지점에서 필요한 것이 큐레이션이 아닐까 싶습니다. 저는 이런 차원에서 예배 큐레이션을 매력적이라고 느낍니다. 큐레이터는 모든 것을 신중하게 계획하고, 그 기획이 부드럽게 진행될 수 있도록 만듭니다. 문제가 발생하면 해결하는 것도 큐레이터의 몫입니다. 그렇지만 동시에 큐레이터는 밖으로 드러나지 않습니다. 큐레이터는 리더이지만, 회중이 자유롭게 예배할 수 있도록 뒤에서 대부분의 역할을 수행하는, 앞서 언급한 두 가지 관점이 생각하는 중요한 역할을 모두 하고 있다고 볼 수 있습니다.

조니 | 최근 요크 대성당에서 매달 트랜센던스 모임을 하고 계신 것으로 알고있습니다. 어떻게 시작하게 된건가요?

수 | 두 가지 이유가 있습니다. 하나는 지붕 수리를 위해 비전스가 원래 사용하던 공간을 6개월 동안 사용하지 못하게 된 것이 이유였어요. 우리는 요크 대성당의 주임사제에게 대성당 지하실을 예배 공간으로 쓸 수 있을지 문의했고, 승낙을 받았습니다. 지난 몇 년간 우리는 요크 대성당에서 열리는 청소년 행사에 참여했는데요, 아마 그래서 사목단은 우리가 무엇을 할지 알고 있고, 그 공간을 어떻게 사용하는지 알고 있다고 생각하여 허락한 것 같습니다. 실제로 우리는 청소년 행사를 하며 역사적 건물을 훼손하지 않으면서 그 안에서 할 수 있는 일을 알게 되었고, 교회

관리자와 협력관계를 만들었습니다. 이것이 트렌센던스를 기획할 때 중요한 부분이었어요.

아마 우리가 대성당 공간을 계속 사용할 수 있었다면 좋았겠죠. 하지만 주중에 우리가 사용하는 장비를 설치한 상태로 계속 놔둘 수 없었기 때문에, 매주 모임이 끝나면 장비를 철거해야만 했습니다. 한 달에 한 번 이상 전체 장비를 설치하고 설정하는 것은 정말 힘든 일이었습니다. 그래서 정기적으로 하는 것은 어렵다고 판단했어요.

또 하나의 이유는, 선교와 문화에 관한 저의 석사 논문이었습니다. 논문을 쓰면서 요크 주민들에게 어떤 장소를 영적인 곳이라 생각하는지를 조사했었는데요, 그들은 자연 세계, 빈 교회, 특히 요크 대성당을 영적인 곳이라고 응답했습니다. 장소 뿐 아니라 어떤 음악이 영적으로 느껴지는지를 조사했을 때는 안락한 느낌을 주는 음악, 성가, 클래식, 그리고 전례 성가라고 응답했습니다. 제 지도교수인 로버트 워렌Robert Warren이 1980년대 후반 〈9시 예배〉에서 영성체가 어떤 영향을 미쳤는지 이야기한 적이 있습니다. 대부분의 사람들이 강렬한 시각적 자극과 무거운 음악 등을 인상적으로 느꼈다고 하긴 했지만, 실제로 사람들을 그리스도인으로 회심하게 한 것은 성찬의 전례였다고 합니다. 그곳에 참여한 회중들은 라틴어, 전례 음악, 신디사이저가 만들어 내는 소리, 수많은 초, 그것과 대비되는 어둠, 빛과 연기가 만들어내는 경외와 놀라움이 뒤섞인 분위기에서 하느님의 현존을 경험했다고 합니다.

조니 | 미술계에서 활동하는 큐레이터들은 다양한 맥락을 가지고 있습니다. 그중 일부는 많은 예술적 자원을 가진 오래된 기관인 박물관에서 일하고 있는데요, 이런 맥락에서는 상상력을 발휘하려고 할 때 기관과 제도, 지금까지 해왔던 관습의 무게, 대중 사이에서 타협해야 합니다. 당신이 설명하는 것이 저에게는 이 맥락과 같다고 느껴지는데요, 그렇다면 당신은 이런 상황에서 어떻게 타협점을 만들어내나요?

수 | 실제 우리도 많은 대표자들과 협상을 하고 타협점을 만들어내야 합니다. 대성당은 일종의 박물관이면서 실제 사용되는 예배 공간이라 어떤 긴장감이 있습니다. 우리 뿐 아니라 다른 이들도 예배를 드리기 위해 이곳을 사용합니다. 하지만 동시에 관광객들은 이곳이 예배의 공간이라는 사실을 종종 잊습니다. 관광객에게 교회는 박물관 같은 곳입니다. 대성당이 오랜시간 사용한 성작의 사용 여부를 논의해야 하는 곳이죠. 보험사는 그 성작을 더 이상 사용하지 않고 보존하기를 원하지만, 대성당은 이 성작은 원래 예배를 위해 만들어진 것이니 계속 사용하기를 원하는 것도 이런 긴장감의 예가 될 수 있겠네요.

박물관 같은 교회에서 드리는 예배가 가진 또 다른 특징은, 그 장소가 공공장소라는 것입니다. 그래서 예배를 준비하는 과정을 보면 마치 번잡한 시장 같습니다. 하지만 이것은 긍정적인 요소입니다. 우리가 예배를 준비하는 것을 보는 사람들 중에서 가끔 우리가 콘서트를 준비하는 것인지를 묻는 사람들이 있습니다. 이렇게 우리가 하는 일을 궁금해 하는 사람들에게 트렌센던스를 소개합니다. 이렇게 소개를 받아 예배에 오는 사람도 있고, 이 간단한 질문이 신앙과 영적 여정에 대한 깊은 이야기로 이어지는 경우도 있었습니다. 기도 요청을 받는 경우도 있었고요. 물론 이런 긍정적인 일만 있는 것은 아닙니다. 공공장소에서 예배를 드리기 때문에 고려해야 하는 현실적 문제도 있습니다. 예를 들면 안전과 보안 같은 부분이죠. 우리는 사용하는 모든 장비가 안전검사를 통과한 것인지 확인해야합니다. 공공장소에 설치하는 것이다 보니 다른 이들의 동선에 방해가 되지 않는지도 점검해야하고요. 이건 좀 슬픈 얘기지만, 우리 물건이 도난당하지 않도록 계속 지켜보고 신경 쓰기도 해야 합니다. 우리가 대성당의 기물을 옮겨야 하는 경우에는 허가를 받아야하고, 대성당 경비 담당자에게도 알려줘야 하죠.

우리는 트렌센던스 이벤트를 위해 건물 사용 권한을 받지만, 그렇다고 건물을 전부 쓸 수 있는 것은 아닙니다. 그래서 다른 사용자와 예약이 겹치는 경우가 있을 수 있음을 생각해 두어야 합니다. 실제로 우리는 레이디 채플Lady Chapel을 사용했었지만, 이곳에서 종종 전시회가 있었기 때문에 챕터 하우스Chapter House로 장소를 옮겨야 했습니다. 의자, 무대, 카펫 등을 사용하고자 할 때도 예약을 해야 합니다. 그렇지 않으면 다른 행사에서 먼저 사용하는 경우가 있기 때문입니다.

대성당을 계속 사용하면서, 우리는 이 건물에서 할 수 있는 것과 그렇지 않은 것을 점점 알게 되었습니다. 감사하게도, 대성당은 우리의 요청을 대부분 허가해 주었고, 우리의 요청이 불가능한 경우에는 다른 대안을 제시해주었습니다. 다행스럽게도 이 부분에 대해서는 대성당의 관리 책임자가 풍부한 경험을 바탕으로 많은 도움을 주었습니다. 한번은 청소년 행사 초기, 회중석에 있는 큰 기둥을 사용하여 스크린을 설치하고 싶었습니다. 하지만 현실적으로 불가능해보였어요. 기둥을 손상시킬 위험이 있었고, 작업의 규모가 너무 컸기 때문입니다. 그러나 관리 책임자가 기둥에 이미 끈이 달린 고리가 설치되어있음을 알려주었습니다. 우리는 그저 스크린을 끈에 묶어 커튼처럼 들어올리기만 하면 되었습니다. 사다리도 쓰지 않았습니다. 우리가 생각했던 것보다 훨씬 쉬운 작업이었습니다. 이처럼 우리는 많은 이들이 함께 하면, 일이 더 쉬워진다는 것을 배웠습니다.

조니 | 인내와 신뢰를 쌓는 일에 대한 이야기군요. 저는 모든 문제에서 중요한 것은 신뢰라고 생각합니다. 신뢰를 쌓을 수만 있다면, 삶이 훨씬 더 쉬워질겁니다. 지금은 성직자로 서품 받으셨는데요, 그 이후 대성당 안에서 더 신뢰를 받고 있나요?

수 | 그런 것 같아요. 물론 성직자로서 얻는 신뢰도 있겠지만, 사실은 그저 함께 일한 시간이 오래 되었기에 저를 신뢰하는 분들이 많아진 것이라 생각합니다. 저와 함께 했던 분들이 제가 서품 받는 것을 보고 기뻐했던 기억이 납니다. 어쨌든, 누군가에게는 제가

안수 받은 성직자라는 것이 중요하겠고, 또 누군가에게는 그렇지 않을 것입니다. 저는 제가 성직자라는 사실은 중요하지 않다고 생각해요. 더 중요한 것은 사람들이 저를 이 과정을 잘 끝낸, 믿을만한 사람이라고 여긴다는 사실이라고 생각합니다.

조니 ㅣ 비전스와 대성당은 문화적으로 다른 집단입니다. 실제 일을 하면 이 문화적 차이는 어떻게 작동하게 되나요? 정기적으로 함께 만나나요? 아니면 비전스가 계획을 만들고 대성당과 협의하나요? 이 과정에서 인상 깊었던 일화를 소개해주셔도 좋겠습니다.

수 ㅣ 일단 비전스의 멤버들은 주로 저녁에 여유시간이 생기는 반면, 대성당 관계자들은 낮에 시간을 낼 수 있었기에 같이 만나는 것이 쉽지 않았습니다. 그래서 주로 비전스가 계획을 만들고 대성당과 협의하는 편입니다. 비전스는 함께 모여 성서정과를 확인하고, 이 주제와 관련된 아이디어를 함께 만들어냅니다. 개정 공동성서정과Revised Common Lectionary를 사용하는 이유는 계획을 세우기에도 용이하고, 세계교회와 연결고리가 되기 때문입니다.

하지만 비전스가 예배 전체를 기획하는 것은 아닙니다. 우리가 주제, 영상, 음악 등을 우선적으로 선정하고 이를 대성당과 공유하는데, 일반적으로는 선창자에게 줍니다. 최근까지 대성당 선창자였던 제레미는 잉글랜드 성공회 기도서Common Worship 집필 자문위원회의 일원이었고, 많은 역할을 했던 전문가입니다.

몇 가지 놀라운 일화가 있었습니다. 제레미는 제가 생각했던 것보다 훨씬 대중문화를 잘 이해하는 사람이었어요. 그는 예배

음향 점검 중에 비트박스를 한다거나, 콜드플레이Coldplay의 〈라이프 인 테크니컬러Life in Technicolor〉를 전례 음악으로 사용하자는 제안을 하기도 했거든요. 또, 트랜센던스 이벤트에서 사용되었던 이벤트를 예배에 적용한 경우도 있습니다. 트랜센던스 이벤트를 통해 비전스의 멤버들이 시편이나 전례곡으로 댄스 음악이나 독특하게 편곡된 음악을 사용하는 것, 그 음악에 맞춰 드럼을 치는 것을 좋아한다는 것을 알게 되었거든요.

이런 선창자와 있다 보면, 우리가 약간 미궁에 빠진 느낌을 받기도 합니다만, 아무튼 선창자는 대성당의 전례를 기획하는 책임자입니다. 다양한 종류의 예배를 기획해야 하기 때문에 전례와 음악 모두를 잘 알아야 합니다. 우리는 주로 세 번의 회의를 했는데, 먼저 비전스가 회의를 하고, 그것을 우리의 전례 고문인 제레미와 나누고, 마지막으로 대성당 사목단 및 직원들에게 공유합니다.

조니 | 전통 안에서 일하면서 현대문화를 놓치지 않는 방법은 무엇인가요? 전례 공간을 만들 때의 과정에 대해 듣고 싶습니다.

수 | 성스러운 공간 활용을 위한 공동 전례 그룹 컨퍼런스에 참여한 적이 있습니다. 거기서 누군가가 좋은 전례를 기획하기 위해서는 '깊은 우물을 파야 한다'고 했어요. 이 말은 전통을 배우고, 그 안에 충분히 잠겨보고, 그를 통해 영감을 얻어야 한다는 의미였습니다. 전통에 관심이 없는 사람도 있을 수 있습니다. 그러나 전통은 창의성의 '윤곽'을 알려줍니다. 성공회라는 맥락에 속한

우리는 어쩌면 다른 사람들보다 조금 더 제약이 있을 수 있습니다만, 그럼에도 우리에겐 많은 자원과 자유가 있습니다. 전통과 창의성이 함께 어우러질 수 있도록 한다면, 우리가 누릴 수 있는 것이 많습니다. 아무것도 없는 상태에서 뭔가를 만드는 것은 쉬운 일이 아닙니다. 전통을 뿌리로 한 새로운 것을 만들어내는 것이 훨씬 쉽습니다. 트랜센던스는 이런 방식으로 작업을 했어요.

우리의 작업은 마치 할머니의 창고에 들어가 무엇이 있는지 살펴보는 것과 같았습니다. 그 창고에 보관된 것 중에서 어떤 것을 사용할 수 있을지, 무엇을 기존의 쓰임새와 다른 방법으로 사용할 수 있을지를 고민하는 것이었죠. 꺼내서 새롭게 사용해볼 것을 찾고, 이제는 도저히 쓸 수 없는 것을 분류하는 일도 했습니다. 실제로 이 과정을 '문자 그대로' 해야 하는 경우도 있었어요. 제가 기도모임에 필요한 물건을 대성당에 요청했는데, 그 물건을 정말로 창고에서 가져다 주셨거든요.

이 '깊은 우물을 파는 것'은 몇 년 전 제가 사진을 배우면서 들었던 이야기와도 비슷합니다. 선생님은 작품을 찍기 전, 다른 예술가의 작품을 많이 보고, 그들이 어떻게 그 작품을 찍었는지를 고민해보는 것이 중요하다고 했습니다. 실제로 이러한 과정은 작품을 만드는 과정에 영감을 주었고, 정말 많은 도움이 되었습니다.

그러나 예배를 위해서라면 단순히 책을 읽고 다른 예배를 보는 것으로는 부족합니다. 겉으로 드러나는 예배의 형태만을 보는 것이 아니라, 그 기저에 깔린 것도 함께 살펴봐야 합니다. 어떤 것이 어떻게 구성되었는지를 이해하고, 이를 전통과 어떻게 연결할 수 있는지 고민하는 것이 저에게는 큰 도움이 되었습니다. 그리고 이 과정은 아주 전통적인 예배를 이해하는 것에도 도움이 되었습니다. 이런 과정에 익숙해지면, 나중에 우리가 정말 아무것도 없는 상태에서 새롭게 시작해야 할 때, 그저 우리가 그간 해왔던 것들을 가져다가 사용하는 것이 아니라 의미 있는 것을 선택할 수 있게 됩니다. 전례 공간 뿐만 아니라 갤러리나 콘서트장, 클럽에도 적용할 수 있는 방법을 만들 수 있을 겁니다.

저는 서로 어울리지 않는 것을 조합해보는 것을 좋아합니다. 예를 들어, 저는 이번 주일에 콜드플레이의 〈비바 라 비다 Viva La Vida〉와 가을 단풍잎을 사용한 정심기도를 해볼 예정입니다. 비전스는 일반적으로 감사성찬례를 시작할 때 정심기도를 하지 않습니다. 트랜센던스에서도 마찬가지고요. 그런데 제레미가 '우리 마음의 온갖 생각을 정결하게 하시어, 주님을 진심으로 사랑하고'라는 정심기도문을 성서 독서에 사용해보는 것을 제안했습니다. 하지만 이를 그냥 사용하면 뭔가 지루할 것 같았어요. 그래서 〈비바 라 비다〉의 기타연주를 반복하면서 이 노래가 말하고 있는 돈과 권력의 덧없음을 같이 노래할 계획을 세웠습니다. 이 주제는 이번 주일 독서의 내용인 부자 청년의 이야기의 주제와 연결됩니다. 그리고 단풍잎을 나누어 주고, 그것을 제대 altar 옆에 가져다두도록 할 계획입니다. 단풍을 사용하는 이유는 그 아름다움이 잠시뿐이기 때문입니다. 돈과 권력처럼 말이죠.

조니 ㅣ '깊은 우물'이라는 개념이 마음에 듭니다. 깊이를 찾는 것은 중요하니까요. 당신이 말한 것처럼, 전례의 기반과 구조는 전통의 깊이를 알게 해줍니다. 저는 깊이라는 개념을 생각하면, 한 사람으로서 존재하는 방식의 깊이, 문화에 몰입해있는 정도, 신앙의 깊이, 인간으로서의 깊이가 떠오릅니다. 예술계에서 활동하는 큐레이터들은 작품을 반복해서 보는 것의 중요성을 이야기하는데요, 특히 로렌스 린더Lawrence Rinder는 바라보는 것으로 그 작품에 흠뻑 젖어드는 경험에 관해 이야기 한 적이 있습니다[1]. 당신은 전통에 대한 깊은 애정을 사람들을 편안하게 하는 능력과 결합시키는 것 같습니다. 큐레이션을 포함한 예술적 활동의 예술성을 설명하는 현대적인 은유로 '곡을 샘플링하고 리믹스하는 디제이'가 적절하다고 봅니다. 그렇지만 중요한 것은 전통, 과거의 유산을 그저 지금 기획하는 작품과 유사하다는 이유로 가져다 쓰는 것이 아니라, 정말로 전통과 유산을 사랑하는 것이라고 생각해요. 그래야 최고의 작품을 만들 수 있다고 생각합니다.

수 ㅣ 제가 보기에는 오히려 당신이 딱 그런 사람 같아요. 어떤 것이 영적인 차원에서 깊이와 의미의 연결성을 가지는지를 발견하는 것은 특별한 능력입니다. 반면 저는 그것을 머리로 '이해'하는 사람입니다. 그렇지만 이것은 이해의 영역은 아니죠. 깊이와 의

---

1   In Curating Now 04, Journal of California College of the Arts 〈http:// sites.cca.edu/curatingarchive/publications.html〉

미의 연결성은 그 안에 푹 잠겨야 비로소 알게 되는 것, 함께 그 안에 머물면서 그것이 자라나도록 할 때 알게 되는 것이니까요. 저도 책을 통해서 오랜 전통을 이해하게 된 것이 아닙니다. 그 전통이 살아있다는 경험을 통해 이해한 것입니다. 예를 들어, 우리는 정교회 수도자를 통해 내면으로부터 기도하는 정교회식 기도방법을 배웠습니다. 또 앰플포스 수도원Ampleforth Abbey에 머물며 전례에 참여하고, 그곳에서 전례곡이 어떻게 사용되는지를 경험했습니다. 우리가 이런 경험을 충분히 '즐길' 수 있다면, 그 경험은 우리에게 울림을 줍니다.

디제이의 비유도 맘에 듭니다. 저도 어울리지 않는 것을 섞어보는 것을 좋아하거든요. 훌륭한 디제이는 이를 통해 멋진 작품을 만들어냅니다. 다른 문화의 조리법을 섞은 퓨전 요리도 이와 같은 맥락에서 이해할 수 있겠네요.

조니 | 워커 박물관Walker Museum의 큐레이터인 캐시 할브레이시Kathy Halbreich[2]는 박물관을 사원에서 마을 광장으로 바꾸고 싶다고 말한 적이 있습니다. 그녀는 워커를 방문하는 이들이 예술과 삶 사이의 연결고리를 발견하는, 기억에 남을만한 경험을 할 수 있는 방법을 고심하면서 이런 말을 했죠. 교회는 이런 방식이 가져올 위험성을 감수할 수 있을까요?

수 | 서품 후 받았던 훈련 과정 중에 많은 학자들이 쓴 예배에 관한

---

2 Marincola(ed.), Curating Now (Philadelphia: Philadelphia Exhibitions Initiative, 2001), p. 76.

다양한 글을 읽고, 그것을 자신의 글로 다시 써내는 것이 있었습니다. 저는 이 과정에서 '예배는 삶의 재료이며 삶을 위한 도구이다. 모든 생명의 근원과 연결되는 지점이며, 모든 삶을 변화시킨다. 만일 예배가 그렇지 못하다면, 이것은 어딘가 잘못된 것이다' 라고 생각했습니다.

예배와 삶은 깊이 연결되어 있습니다. 예배에서 바깥세상의 것을 사용하는 것은, 우리의 평범한 삶과 하느님 사이에 다리를 놓는 것이라 생각하고, 저는 이 생각을 좋아합니다. 최근에 겪은 일입니다. 어느 약국에 들어갔는데, 그 가게에서 〈비바 라 비다 Viva La Vida〉가 재생되고 있었어요. 이 노래는 우리가 '빌린' 모든 것, 우리가 누리는 모든 좋은 것들이 끝나가고 있음을, 애초에 우리 것이 아니었던 것을 포기하라고 말하는 노래입니다. 이 노래를 들으며 주위를 둘러보니, 제가 주름 크림과 염색약 판매대 사이에 서있다는 것을 알게 되었고, 거기서 저는 저의 연약함을 생각하게 되었습니다. 결과적으로 저는 우리가 결코 이길 수 없는 시간과의 경주에서 우리를 건져내신 하느님을 찬미하게 되었습니다.

예배와 세상 사이에 놓인 이 다리는 일방통행이 아닙니다. 이 다리는 어느 방향으로든 다른 쪽으로 건너갈 수 있습니다. 사람들이 다리를 건너 예배로 들어올 때, 그들은 자신이 이미 가지고 있는 음악 등을 가져올 수 있습니다. 그리고 이렇게 하는 것이 누군가를 교회로 초대하기에 더 쉬운 방법이죠.

다층성을 통해 만나는 경이로움

아나 드레이퍼

조니 | 우리는 켄트Kent에서 만났었죠. 당신이 견진Confirmation 교육에서 사용할 수 있는 라비린스를 소개해주었어요. 당시에는 낯설지만 흥미로운 이야기였습니다. 지금이야 라비린스를 많이 사용하지만, 당시 당신이 만든 라비린스는 정말 새로웠어요. 이후 당신을 그레이스에도 초대했었죠. 그때도 정말 좋았습니다. 어떻게 라비린스를 가지고 그런 독특한 이야기를 생각했었나요?

아나 | 서로 다른 두 청소년 그룹의 교류를 만들어야 했던 적이 있어요. 한 그룹은 중산층 배경에 매우 학구적이었습니다. 지역 공립학교에 다녔고, 큰 포부가 있는 이들이었죠. 다른 그룹은 저임금 노동자의 자녀들이었는데, 반항적이며 술과 마약을 하고, 거리

를 배회하는 이들이었습니다. 이런 상황에서는 어느 한 쪽이 소외받거나 무시당하지 않도록 하는 것이 중요했어요. 우리는 두 그룹을 동등하게 대할 수 있는 방식을 고민했습니다. 그리고 이런 규칙을 만들었죠.

- 개종보다는 함께하는 관계를 우선할 것
- 그리스도인은 규칙대로 사는 사람이 아니라, 존재의 뿌리를 찾는 사람이며, 완성된 존재가 아니라 아니라 하느님을 찾는 여정을 함께 하고 있음을 잊지 말 것
- 의심이란 믿음 없음이 아님을 알고, 믿음으로 의심을 포용할 것
- 신성과 평범함은 분리되지 않으며, 우리의 모든 말과 대화가 기도임을 인식할 것

이는 예배가 무엇인지를 다시 묻게 만드는 질문이었습니다. 이를 바탕으로 우리는 고민과 실험을 통해 기도처에 대한 아이디어를 생각해냈습니다. 예배 안에서 어떠한 위계도 생기지 않도록 최선을 다했습니다. 이를 위해 좌석을 원형으로 배치했습니다. 아무도 앞에 나와 말하지 않았고, 합의된 순서에 따라 마이크를 차례로 전달했습니다. 우리는 그곳에 모인 청소년들에게 자신의 은사와 능력을 탐구하도록 초대했습니다. 이후 청소년들이 저마다의 은사에 따라 다양한 일을 하기 시작했습니다. 시,

그림, 노래, 기술, 영상, 환대, 이야기, 상징으로 함께 예배를 드리게 된 것이죠.

우리는 '그들과 우리'라는 말로 경계를 그으며 발생하는 힘의 불균형을 진지하게 다루었어요. '우리는 모두 하느님 앞에서 평등하지만, 일부는 다른 사람들보다 조금 우월하다'라는 생각은 마치 조지오웰의 '동물농장' 같으니까요. 우리는 끊임없이 탐구, 발견, 존재 방식을 훈련했습니다.

우리는 궁극적으로 우리가 무엇이 될 수 있는지를 발견하고자 했습니다. 또 어떻게 서로 연결될 수 있는지를 탐구했습니다. 그 때 라비린스가 떠올랐습니다. 그냥 '이걸 하면 좋겠다'는 생각이 떠오른 것이 아니었습니다. 아이디어 이상의 것이라는 느낌이 있었어요. 우리가 함께 하느님을 찾고자 했던 과정의 자연스러운 결과라고 생각합니다. 아이디어가 단지 그 순간의 감각보다 더 깊은 곳에서부터 왔다는 느낌, 저는 이 경험을 초월적 경험이라 생각합니다. 이 경험은 우리를 하느님에 대해 더 많은 것을 발견할 수 있는 새로운 곳으로 이끌었어요.

조니 | 청소년들과 함께 자신을 찾는 여정의 이야기는 대중들의 질문과 기대를 고려하지 않고 고착되어버린 박물관들, 단지 하나의 진리만이 존재한다고 생각하는 닫힌 박물관들의 이야기를 담은 큐레이팅 저널의 글을 생각나게 합니다. 이런 전시는 대중이 작품 설명을 읽느라 작품을 볼 시간도 없게 만들죠. 아주 잘못된 방향 설정이라 생각해요.

문제는 (불행히도) 대중은 박물관에서 사회적 이슈를 발견하거나, 예술과의 소통을 기대할 수 없다는 것입니다. 심지어 대중은 미학과 씨름해야할 필요조차 느끼지 못하고 있습니다. 대중은 단 하나의 진리, 최고의 품질, 쉽게 이해할 수 있는 예술가를 기대합니다. 대중을 이렇게 만든 것은 대형 박물관이 지탱하고 있는 예술 비즈니스입니다. 예술 비즈니스는 '유명 작품'을 전시합니다. 위대한 예술이란 무엇인지, 이 작품이 왜 위대한지는 설명하지 않습니다. 단지 그 예술가의 천재성을 소개하는 쇼를 만듭니다. 이는 대중을 비판적 본능이 없는 바보로 여기는 것입니다. 그리고 이러한 행태는 대중이 스스로 미학과 문화발전에 책임과 역할이 있다고 생각하지 못하게 합니다. 미술관에서 무지는 행복이 아닙니다. 앞으로도 마찬가지입니다.[1]

저는 이 글이 교회에도 마찬가지로 적용된다는 생각이 들었어요. 이 글에서 몇 가지 단어를 바꿔도 전혀 위화감이 없거든요.

문제는 (불행히도) 대중은 교회에서 사회적 이슈를 발견하거나, 예배에서의 소통을 기대할 수 없다는 것입니다. 심지어 대중은 신학과 씨름해야할 필요조차 느끼지 못하고 있습니다. 대중은 단 하나의 진리, 최고의 품질, 쉽게 이해할 수 있는 예술가를 기대합니다.

---

1 F. Wilson, Curating Now 01, Journal of California College of the Arts <http://sites.cca.edu/curatingarchive/publications.html>.

당신의 이야기에는 두 가지 측면이 있는 것 같아요. 먼저, 환경입니다. 예배 큐레이터의 역할 중 하나는 사람들이 예배라는 실제 공간에서 활동하는 방식을 신중하게 생각하는 것이죠. 당신은 원형으로 모여 앉는 형태, 가장자리에서 진행할 콘텐츠, 예배의 장소, 상징, 영상물 등을 선택했습니다. 당신의 라비린스는 환경적으로 세심하고 탁월했어요. 그래서 예배 환경 구성에 관해 이야기를 조금 더 듣고 싶습니다. 예배 큐레이터의 두 번째 역할은 예배를 분명한 이야기로 표현하는 것입니다. 비록 예배는 질문과 의심의 공간임이 분명하지만, 거기에는 이야기가 있습니다. 라비린스의 이야기는 치유와 연관이 있는 것 같아요. 개방적이고, 여백을 허용하고, 각자의 눈높이에 맞게 작용하면서, 동시에 고민을 깊게 만드는 이야기를 만들어내려면 어떻게 해야 할까요? 너무 어려워도, 반대로 너무 분명해도 안 될 것 같거든요.

아나 | 단어를 바꾼 인용문이 무척 맘에 드네요. 우리가 작업을 하며 깨닫기 시작한 것은, '단순한 답이란 없다'는 사실과 '다층적 방식'이 영적 여정에 참여하는 유일한 방법이라는 확신입니다. 상황에 따라 옳고 그른 것이 달라질 수 있습니다. 그렇기에 먼저 상황을 이해해야 비로소 의미를 이해할 수 있습니다. 우리가 사람들에게 묻는 질문은 한 가지입니다. '당신에게 좋은 소식은 무엇입니까?' 굶주리는 사람에게는 음식일 수 있고, 시각장애인에게는 눈을 뜨는 것이겠죠. 이처럼 복음은 상대적인 문제입니다. 우리가 그것을 잊지 않아야 사람들에게 그리스도와 닮은 모습으로

다가갈 수 있습니다. 우리가 어떻게 환경을 조성했는지 물어보셨죠? 그 환경은 우리의 예배 경험에서 생겨난 것 같아요. 우리가 만드는 환경은 회중이 자신의 감각에 집중하도록 하여 예배 전반에 참여하도록 돕습니다. 우리는 예배에서 사람들이 걷고 활동하고, 하느님과 연결될 수 있도록 둥근 모양을 만드는 것이 좋겠다고 생각했어. 또, 우리 예배에 담긴 치료적 접근은, 심리치료사인 제가 받은 훈련을 기반으로 한 것입니다. 우리가 활동하는 방식은 '무지'라는 아이디어를 기반으로 한 것인데, 이는 사람들이 각기 다른 위치와 관점에서 서로 연결될 수 있도록 도와줍니다. 이것은 다시, 우리가 매우 다른 필요, 욕구, 사고, 능력 및 경험을 가진 각각의 개인으로 이루어진 그룹임을 알도록 합니다. 물론, 지금 제가 깨닫는 것은 이것이 어떤 교회 환경과도 다르지 않다는 것입니다.

우리가 서로 같지는 않지만, 서로에게 공감하고 있다고 노래한 것이 U2였나요? 우리는 서로 다름을 주심에 감사하기 위해 예배를 시작했지만, 우리를 하나로 모은 것은 유사성이었어요. 우리는 또한 서로 돌아가며 질문하는 방식을 사용했습니다. 이는 사람들이 질문에 대한 어떤 결론에 도달하기 위해 직선적 과정을 거치기보다는, 다양한 과정을 통해 탐색하고 발견할 수 있도록 합니다. 우리는 사람들이 궁금함의 공간에 머물 수 있는 환경을 만들고 싶었습니다. 저는 경이와 경외는 궁금함과 연결된 것이라고 생각하고, 그것이 믿음의 본질이라고 생각합니다. 우리는 이런 과정을 통해, 활동적이고 살아있는 신앙을 가진 사람들이 거룩함 안에 존재할 수 있도록 돕는 공간을 마련하려고 노력했습니다.

라비린스의 끝에는 방명록이 있습니다. 라비린스에서 가장 아름다운 곳이죠. 거기에 기록된 이야기들을 전부 정리하면, 그 공간 안에서 일어난 초월성, 즉 하느님과 다른 사람들과의 새로운 연결, 그 여정이 만들어낸 변화 등에 대한 다양한 생각을 만날 수 있을 것입니다.

많은 그리스도인이 수동적이고 의존적이며, 확실함을 요구합니다. 물론 어떤 부분에서는 이것이 절박하게 필요한 경우가 있을 수 있다는 것은 인정합니다. 그런데 저는 사람들이 자신이 믿는 것과 복음의 가르침이 서로 맞지 않는다는 이유로 신앙을 '잃어버렸을 때' 종종 놀라곤 합니다. 그들이 삶에서 직면하는 신앙의 요구는 무엇일까요? 그리스도인이 경계해야 하는 것은 내가 믿는 것 외에 모든 것은 틀렸다는 태도입니다. 모든 위대한 예술과 마찬가지로, 예배는 계속해서 존재해야 하고, 계속 자라나야 합니다. 예배는 우리 삶의 구조를 만듭니다. 우리의 몸, 감정, 지성이 무엇이고 어떻게 변해갈 것인지를 알게 하는 신성한 일입니다. 그렇기에 우리가 라비린스에서 예배를 통해 생명을 주고자 했던 것입니다.

조니 | 켄트의 청소년 사목에서 떠난 후에 노스우드Northwood에 있는 교회에서 일한 것으로 알고 있습니다. 그곳에서 교회 변두리의 청

년을 위한 공동체를 만들었죠, 그 여정에 대해 듣고 싶습니다.

아나 | 아주 훌륭하고 새로운 여정이었습니다! (하하) 정말 좋았어요. 그 결점들까지 전부 좋았습니다. 이 경험이 지금 우리가 일상 속에서 거룩함을 찾는 방식을 만드는데 영향을 주었습니다.

레이터L8를 기획하기 시작했을 때, 함께 하고자 하는 사람들이 많았습니다. 이들 대부분은 소위 '교회 변두리'의 사람들이었죠. 케빈과 제가 새로 생겨난 교회 관련 그룹 대다수는 불만을 품은 복음주의자들로 구성되어 있다는 이야기를 나눈 적이 있었는데, 레이터도 그런 그룹 중 하나였습니다. 저는 동의하지 않았지만, 레이터의 많은 사람들은 자신이 믿음을 잃었다고 선언했습니다. 하지만 저는 그들이 의심할 수 있다는 점에서 처음으로 진정한 믿음을 찾았다고 생각합니다. 그러나 많은 사람에게 믿음은 명확하고 구체적으로 설명되어야 하는 것이기도 합니다. 그래서 믿음에 대한 이야기를 다층적인 방식으로 풀어내면, 모든 것이 무너지거나 자기 안에 고정된 하느님 이미지 바깥으로 튀어나와 버립니다. 흥미로운 점은 우리가 이 과정을 하는 동안 몇몇 사람들은 아예 그리스도교 공동체로부터 멀어졌고, 또 어떤 사람들은 과거에 가지고 있었던 이분법적인 신 이해로 되돌아갔다는 것입니다. 하지만 꾸준히 이 여정에 참여하는 이들도 있었습니다. 사실 우리는 특별히 많은 것을 하지 않았습니다. 그저 몇 년 동안 함께 포도주와 빵을 먹고 마시며 웃음과 눈물을 나누었고, 자연 속에 거룩한 공간을 마련하여, 서로가 들려주는 이야기에 귀 기울이며 믿음의 여정을 함께 했을 뿐입니다.

이후 레이터 공동체의 구성원들 사이에서 새로운 이야기가 나오기 시작했습니다. 우리는 우리가 겪고 있는 공동의 여정, 공동체의 필요성, 그리고 우리에게 하느님은 누구이신지를 함께 질문하기 시작했습니다. 이를 통해 쉐입Shape이라는 수도 공동체가 생겨났죠. 흥미롭게도 서로 연대감을 느끼게 된 것입니다. 그렇게 매주 모여서 서로의 고민과 어려움을 나누기 시작했습니다.

물론 그 과정을 위한 예식도 있었습니다. 예를 들어, '천사의 시간'Angel Time에는 서로의 어려움이나 관심사, 기쁨을 나눕니다. 그리고 우리가 나눈 모든 이야기를 하느님께 드리며 초를 켭니다. 한 청년이 사업에 실패하고 교회와 가정을 떠난 아버지를 그리워하는 마음을 나눈 적이 있습니다. 사람들은 그 아버지와 있었던 추억을 함께 나누며, 한 마음으로 그를 그리워했던 기억이 납니다. 또 우리 모임에는 사람들이 공동체에 어떤 약속을 할 때 사용하는 총알bullets이 있습니다. 총알이라고 부르는 이유는, 약속을 지키는 일이란 어렵고, 때로는 고통을 감내해야 한다는 것을 기억하기 위함입니다. 한 사람이 전체 공동체 앞에서 어떤 것을 약속하고 총알을 가져가면, 공동체는 그 약속을 기억하며 함께 기도합니다. 총알을 가져간 사람에게는 자신이 한 약속이 적힌 작은 돌이 하나 주어집니다. 한 청년은 매일 그 돌을 뒷주머니에 넣어두고 앉을 때마다 그 돌의 존재를 느끼며 자신이 한 약속을 기억한다고 말하기도 했습니다.

또 모든 쉐입의 구성원에게는 한 주 동안 함께 이야기하고 기도하는 '천사'가 있습니다. 하지만 천사가 되기 위해서는 누군가의 삶에 직접 참여하고, 그를 돕겠다는 의지를 보여야 합니다. 능력만 있다고 천사가 될 수 없습니다. 도와야 하는 이에게 관심을 가지는 동시에 침묵하기도 해야 합니다. 적극적으로 도우면서도 경청하는 연습도 필요하죠.

우리 공동체가 이런 아이디어를 예배 안으로 통합하는 방법은 제가 생각해도 정말 놀랍습니다. 우리는 한 달에 두 번에 '전 세대'가 함께 하는 예배를 드립니다. 가족이 가끔은 모두 함께 예배하고 싶어 한다는 사실을 발견했거든요. 이 예배에는 새로운 전례, 새로운 방식의 공동기도를 사용합니다. 거룩한 이야기는 모든 사람이 참여할 수 있는 '경건한 놀이'로 바뀌게 되죠. 우리는 〈지구별 살기Live On Planet Earth〉에서 사용하는 것을 우리 예배의 일부로 가져왔어요. 이를 적용시킨 예배를 구성하면, 장비 설치만 40시간이 걸립니다. 우리가 하는 일이 대단한 것이 아님에도, 100명 이상의 사람들이 예배마다 찾아옵니다. 함께 하는 그 시간에서 느끼는 경이로움이 서로를 연결시켜 모두 적극적으로 참여하게 만든다고 생각해요.

조니 ㅣ 여정이 아주 흥미롭습니다. 다양한 상황 속에서 사람들이 신성함, 경이로움, 깨달음의 순간을 맛보게 하고, 신앙의 의심을 진지하게 받아들일 수 있는 공간을 만들기 위해서 기술과 상상력을 공동체로 가져온 것이군요. 그 과정 자체가 신앙 공동체의 형성 과정이네요. 그리고 지금은 공동체 구성원이 그 창조의 과정에 참여하고 스스로 만들 수 있도록 도와주는 역할을 하게 되었고요. 조금 개인적인 이야기를 묻고 싶은데요, 당신의 직관, 기술, 은사는 무엇입니까? 그리고 자신의 고유한 특성을 가진 이들이 당신처럼 일하는 법을 배우려면 어떻게 해야 하나요?

조니 | 재미있는 질문이네요. 우리에게는 당연하다고 여겨지는 것이 다른 사람에게는 독특하게 보일 수 있겠지요. 그래서인지 우리는 우리가 어떤 사람인지 잘 모릅니다. 새로 교회에서 일하게 된 청년이 제가 쉐입을 이끄는 방식을 보고 무척이나 놀라더라구요. 저는 그가 놀랐다는 사실에 놀랐고요. 저는 사람들이 상황을 이해하는 방식을 생각하는 편입니다. 이 생각은 신학적 질문들과 연결되고요. 이 질문을 가지고 사람들이 자신의 정체성과 능력의 새로운 가능성을 발견하여 도약할 수 있도록 돕습니다.

케빈과 저는 수년 동안 함께 팀으로 활동했습니다. 우리는 배움과 변화의 과정에서 마찰을 일으키기도 했고, 함께 탐구하고 기뻐하며 서로를 지지해왔죠. 우리는 창조성을 모든 인간이 선물로 받은 거룩한 은사라고 생각합니다. 우리는 하느님의 형상을 닮았습니다. 그렇기에 우리는 언제나 새롭습니다. 섬기는 지역사회뿐만 아니라, 하느님, 이웃, 가족과의 관계에서 우리는 이 새로움을 여러 방식으로 표현합니다. 아직 그 과정의 종착점에 다다랐다고 생각하지 않아요. 그렇지만 우리는 또 매 순간 있는 그대로 완전하죠.

케빈과 저는 배움에 대한 끝없는 열망이 있고, 다른 이들에게 열정을 불어넣을 수 있는 방법에 매우 관심이 많습니다. 우리는 레이터를 통해 세상을 바꿀 수 있을 것이라고 기대했어요. 그래서 일반적인 교회의 모습을 따라가고 싶지 않았고요. 우리는 지역에 기반을 둔 작고 개성있는 공동체가 되고자 했습니다. 그리고 모두가 함께 할 수 있도록 느린 속도로 걷기를 원했습니다. 그래서 우리는 서로의 공통점과 차이점을 공유하며, 우리의 예배를 만들어갔습니다. 종종 런던신학교London School of Theology나 성삼위교회Holy Trinity Church의 사람들을 만나지만, 사실 그들은 우리의 예배를 잘 이해하지 못합니다. 그들에게 우리는 일반적인 '그리스도인' 처럼 보이지는 않는 것 같고, 그들은 우리가 하느님을 만나는 방식을 받아들이기 어려워합니다. 아마 우리가 사람들에게 무엇을 믿어야 하는지 분명히 말하지 않기 때문에 마치 이단처럼 보이고, 우리가 함께 있기 위해 선택한 방식이 그들에게 좋아 보이지 않기 때문이겠지요.

저는 지난 몇 년 동안 우리의 정체성에 영향을 주는 것이 무엇인지 고민했습니다. 물론, 정체성은 관계에서 만들어지고, 타인에 의해 형성되기도 합니다. 하지만 저는 '소명'에 대해서 이야기 하고 싶어요. 소명을 어떻게 알 수 있을까요? 저는 '어떤 것이 되라' 는 소명은 거절해야 한다고 생각해요. 이런 소명은 제가 누구인지를 알아가는 과정에서 제가 되고 싶지 않은 무언가로 저를 이끌고 갈 수도 있기 때문입니다. 저는 소명과 저의 정체성에 헛된 영향력을 행사하는 것들을 거절합니다. 이런 저항을 통해 진정으로 되고 싶은 나를 만나게 됩니다. 사람들이 가진 심리적 문제의 상당 부분은 그들이 수동적으로 받아들이고 구성한 정체성에서 비롯됩니다. 이는 온전하게 존재하며 세상을 바꿀 수 있는 빛나는 자아를 억누르는 것이죠.

당신의 질문에 맞는 답이었는지는 잘 모르겠네요. 어쨌든, 제가 말하고자 하는 것은 경이의 장소에 존재하라는 것입니다. 단순하고 틀에 박힌 하느님 이해 너머의 하느님께 도달하는 것, 그것이 바로 구원입니다. 우리는 다층성을 끌어안아야 합니다. 안정과 균형을 포기하라는 것이 아닙니다. 다층성은 지금 이곳에서 내가 느끼는 하느님은 어떤 하느님인지를 아는 것이고, 그 순간 우리는 어떤 존재가 될 수 있는지를 아는 것입니다. 이를 위해 자신을 개방하고 역동적으로 그 고민에 참여하는 것을 의미합니다. 우리는 새로움의 가능성을 향해, 안정과 답습으로부터 우아하게 걸어 나와 다층성이 주는 혼돈으로 들어가야 합니다.

새로움을 위한 노력
스티브 테일러

조니 | 예배에 관한 당신의 아이디어를 읽어봤는데요, 아주 재밌었어
요. 특히 엽서를 만들거나 정원을 조성하여 '영적 여행객'을 위
한 경험을 제공하는 예배 이야기가 인상적이었습니다. 어떻게
그런 생각을 하게 되었나요?

스티브 | 저는 카페에 비치된 엽서를 좋아했어요. 엽서들은 메시지를 통
해 경험을 불러일으키거든요.

마크 피어슨_{Mark Pierson}이 제게 대림절 카드를 보여준 적이 있
습니다. 그가 오클랜드 시티사이드에 예술가들을 초청해서 함께
작품을 관람하며 받았던 느낌을 카드로 만든 것이었어요. 저는
그 카드가 마치 그 느낌을 '테이크아웃' 한 것처럼 느껴졌습니다.

콘서트에 가서 기념품을 사는 것과 같은 느낌이었어요. 그래서 특정 순간의 경험을 다시 불러일으키는 순간을 만들어보면 어떨까 생각했습니다. 예를 들면, 대림절 카드를 가지고 있다면 예배에 가지 않아도 그 감각을 느낄 수 있을지 궁금했어요. 예배 같은 특별한 사건은 시간과 장소가 정해진 경우가 많은데, 이것으로부터 벗어나는 것이 어떤 경험을 줄 것인지도 알고 싶어졌습니다. 물론 예배를 위해 시간과 장소는 정하는 것은 필요하긴 하지만, 요즘 세상은 워낙 바쁘니까요.

그래서 우리는 2년 동안 성령강림절 엽서를 만들었습니다. 그림, 말씀, 성가의 가사, 영성 훈련을 위한 안내문 등을 담은 엽서를 불, 물, 바람, 치유라는 네 종류의 시리즈로 만들어 도시 곳곳의 카페에 두었어요. 그것들이 어떤 영향을 끼쳤는지 알 방법은 없지만, 분명 흥미로운 경험이었죠. 부활절에는 사람들이 각자의 가족들과 교회를 이룰 수 있도록 '테이크아웃 예배 키트'를 제공하기도 했어요. 제게 시간이 더 있다면, 밸런타인데이나, 노동절 같은 특별한 날에도 이 일을 하고 싶습니다. 지역 슈퍼마켓에서 DIY 예배 키트를 구입한다고 생각해보세요!

박사 과정 중에 읽은 글을 소개하고 싶습니다. 제 생각에 영향을 준 글입니다.

코헨Cohen은 경험적, 실험적, 실존적 관광객이 있다고 주장하며, 이 세 유형을 기반으로 '순례자' 영성의 형태를 설명한다. 경험적 순례자는 문화의 중심에서 벗어나 있다는 느낌에서 의미를 찾는다. 실험적 순례자는 새로운 의미 발견하기를 소망으로 다른 대안들을 시도한다. 실존적 순례자는 그의 현실에서 파열된 느낌을 경험하고, 영적인 것에 헌신하게 된다.[1]

이를 보고 저는 '영적 관광객 유치'라는 신조어를 만들었습니다. 우리와 물리적으로 함께하지 않지만 대화를 이끌어낼 수 있는 자원, 예를 들어 엽서 같은 자원을 제공하면 어떨까요? 신학적으로 이야기하자면, 이것은 세상 속에서 하느님을 드러내는 방식이 될 것입니다. 사람들에게 물리적으로 함께하자고 요청하는 것으로도 하느님의 일에 참여할 수 있지만, 떨어져있어도 우리가 사용할 수 있는 자원을 활용하여 하느님의 일에 참여할 수 있지 않을까요?

저는 수퍼마켓의 시리얼 코너에 서면 꽤나 신중해집니다. 무척 다양한 선택들이 있거든요. 저는 테이크아웃 예배도 그렇게 하고 싶어요. 무엇을 담을 것인지는 큐레이터에게 달려있습니다. 사람들이 자신의 기호와 건강에 맞게 시리얼을 선택하듯, 자신에게 맞는 예배를 큐레이팅 하는 거죠.

저는 문화와 동떨어지지 않으면서 동시에 과거의 전통을 현

---

1 N. Ben-Yehuda and J. Aviad, Recentering the World: the Quest for "Elective" Centers in a Secularized Universe', The Sociological Review 35, no.1, 1987.

대에 적용한 새로운 형태의 수도원을 고민하는 예술가 집단이 필요하다고 생각합니다. 디지털 세상이잖아요. 물리적 연결에 의존하지 않은 테이크아웃 수도원 영성이 필요하다고 생각해요.

조니 | 저는 그런 일을 하려는 사람의 이야기를 꽤 들었습니다. 대안적 예배를 통해 영감을 받은 이들이었어요. 그런데 어째서인지, 실제 행동으로 옮기는 사람은 많지 않아요. 에너지의 문제인지도 모르겠습니다. 활발한 공동체에 소속되는 것은 힘이 드는 일이니까요. 나쁜 의미는 아닙니다. 저는 이런 공동체와 함께 하는 것을 좋아합니다. 하지만 가끔 그 공동체의 에너지가 너무 강하게 느껴질 때도 있죠. 당신도 이런 어려움을 경험한 적이 있나요? 어떻게 스스로를 관리합니까?

스티브 | 사람, 시스템, 조직의 에너지는 몹시 복잡합니다. 저는 지금 하는 방식을 유지하는 것도 좋다고 생각합니다. 조금 지루할 수 있죠. 하지만 익숙하고, 또 그간 축적된 자원이 있으니까요. 기존의 갤러리가 예술가에게 큰 도움이 될 수 있는 것처럼, 새로움 위한 공간을 만들기 위해서는 기존의 것도 필요합니다. 물론, 현재에 머무르며 계속해서 상황을 악화시키는 사람들도 있죠. 그렇게 되지 않으려면 창의성을 발산하기 위한 행동을 지속해야 합니다. 이를 위한 몇 가지 아이디어가 있어요.

1. 부활절, 성탄절, 성령강림절과 같은 특별 절기 이벤트를 기획해 보세요. 가능하다면 밸런타인데이와 같은 잘 알

려진 특별한 날을 위한 이벤트도 좋습니다.

2. 같은 생각을 하는 사람들을 모아봅니다. 대화를 통해 생기는 에너지는 실로 엄청납니다. 실제로 우리는 도시 곳곳에서 사람들을 모았고 대여섯 개의 새로운 교회를 만들었습니다. 새로운 도전을 멈추지 않는 이들을 모아 변화를 위해 필요한 것이 무엇인지를 계속 탐구해보는 것은 창의성 발산에 도움이 됩니다.

3. 하지만 너무 열심히 하는 것은 좋지 않습니다. 우리는 작년 부활절, 기획했던 행사를 중단했습니다. 비록 우리가 이 일을 10년 동안 해왔고, 이로 인해 유명해졌지만, 처음 시작할 때의 도전이 모두 사라졌다고 느꼈거든요. 그래서 모든 것을 중단하고 새로운 무엇이 나타나는지 기다렸습니다.

4. 구조를 바꿔보세요. 어려운 일이긴 하지만, 구조를 변경하는 것은 새로움을 유지하는데 도움을 줍니다. 당신이 사목자라면, 자신의 창의성을 키우기 위해 어떤 활동을 했는지 사목일지에 기록하고, 예배 큐레이션을 위한 예산을 신청하고, 한 달에 한번, 실험적 주일예배를 드리겠다고 선언하는 것은 구조를 바꾸는 시도가 될 수 있습니다.

5. 안전한 공간을 마련해주세요. 실험적 활동에 대한 피드백이 너무 과하게 쌓일 때, 그것으로부터 벗어날 수 있는 공간이 필요합니다.

6. 개인의 개성을 받아들이세요. 최근 저는 '정착민과 탐험
    가'의 관점으로 개성의 다양성을 고민하고 있습니다. 어
    떤 사람들은 만족하며 지역에 정착하는 반면에, 또 다른
    사람은 계속 경계를 넘어 탐험하고 싶어 합니다. 탐험을
    멈추지 않는 이들의 호기심과 창의성을 어떻게 지속시킬
    것인지를 고민하는 것도 좋습니다.

조니 | 다른 질문을 해볼게요. 제 친구가 큐레이션이 예배와 교회를 이
    끄는 새로운 방식, 새로운 리더십 모델인지 고민했던 적이 있습
    니다. 저는 사목자는 아니기에, 명확한 대답을 주기가 어려웠어
    요. 이에 대해 당신은 어떻게 생각하시나요?

스티브 | 일단, 큐레이션은 '이끄는 방식'에 대한 것이 아니라고 생각해
    요. 저는 예배 큐레이션을 공간을 만드는 일이라고 생각합니다.
    안전한 영적 교류를 보장하는 의례화된 공간, 개개인이 상호작
    용을 할 수 있는 에너지를 주는 공간을 만드는 일이죠.

    사람들은 연결을 갈망하고, 예술가들은 자신의 작품에 깊은
    애정이 있습니다. 이 사이에서 사목자는 영적인 안내자 그 이상
    의 일을 감당 할 수도 있습니다. 대개 큐레이팅 된 공간은 기존
    의 공간과는 완전히 다릅니다. 우리는 우리가 큐레이팅한 공간
    이 교회로 들어가는 입구인지, 아니면 단순히 여기가 교회라는
    것을 알려주는 표지판인지를 고민했습니다. 우리는 사람들이 영
    적 교류의 경험을 할 수 있는 방법을 고민하고, 이를 돕기 위한

실천을 하고 있는지 고민해야 합니다.

그렇기에 저는 사목자는 미술관 '안내데스크'과 비슷하다고 봅니다. 사목자의 역할이란, 정보와 자원을 제공하는 것이 아닐까 싶거든요.

조니 | 매우 실용적이고 좋은 생각입니다. 그런 환경이라면 사람들이 스스로 자신에게 도움 되는 것을 찾을 수 있을 것 같습니다. 이야기를 들으면서 새로운 환경에서의 리더십은 무엇일지 생각해봤어요. 앞서 소개한 여섯 가지 제안은 제가 '환경구성자'와 '촉매자'라고 부르는 리더의 역할을 떠올리게 했습니다. 환경구성자라는 이름을 붙인 이유는, 리더의 역할은 공동체의 환경을 조성하는 일이라고 생각했기 때문입니다. 이런 리더는 창의성을 이끌어내고, 사람들을 참여하도록 독려하고, 위험을 감수하는 일을 함께 하도록 합니다. 생각해보니 제가 속한 그레이스가 중요하게 여기는 가치가 바로 이것들이었네요. 우리는 공동체 구성원 모두가 이런 일을 할 수 있도록 양육하는 것을 중요하게 생각하거든요.

제 생각에 당신은 촉매자에 더 가까운 것 같아요. 축제를 기획하거나 새로운 공동체를 만드는 역할을 하시는 것을 보면 말이죠. 그리고 사목자가 '안내데스크'라는 비유도 좋네요. 당신과 팀이 큐레이팅한 예배와 이벤트, 혹은 당신의 공동체에서 누군가가 큐레이팅했던 이벤트에 대한 이야기를 듣고 싶습니다. 예배도 좋고, 공공장소에서 진행한 이벤트도 좋습니다.

스티브 │ '환경구성자'와 '촉매자', 매우 와닿는 은유네요. 실제로 저는 공간 주변의 환경을 만듭니다. 예술가에게는 폭넓은 공간이 필요합니다. 그리고 저는 그 공간의 장애물들을 제거하기 위해 노력하죠. 사실 제게는 좀 버거운 역할이긴 합니다.

저는 예전에 예술가로 활동한 적도 있어요. 그러다가 제가 다른 사람에게 환경을 제공하여 그를 빛나게 하는 것에 은사가 있다는 것을 발견했습니다. 그래서 박사과정에 들어갔고, 사목자가 되었으며, 환경을 만드는 일을 시작한 것이죠.

촉매자라는 개념에 대해, 저는 브라이언 에노Brian Eno가 루미너스 전시회에 관해 이야기한 것이 떠오릅니다. 그는 훌륭하고 새로운 아이디어는 훌륭한 재료와 기반에 촉매가 더해진 것이라고 했어요. 여기서 촉매는 시간, 구조, 돈이라는 재료와 동료, 건물이라는 기반을 의미하는 것입니다. 그렇기에 촉매자와 환경구성자가 함께 하는 것이 가장 이상적이라고 할 수 있겠습니다.

브라이언은 천재Genius가 아닌, 시니어스Scenius라는 개념을 말하기도 했는데, 시니어스는 집단지성과 유사한 개념입니다. 여러 사람이 머리를 맞대면 좋은 아이디어를 만들 수 있고, 새로운 사고방식을 찾을 수 있음을 의미하는 개념입니다. 이것은 아주 큰 개념인데, 왜냐면 이는 몇몇 개인이 유명해지는 것이 아니라 궁극적으로 우리 모두가 창의성을 드러내는 존재가 되어야 한다는 것을 뜻하기 때문입니다. 환경구성자로서, 제 역할은 사람들을 모으는 일이라 생각합니다.

현재 우리는 일 년에 네 번, 사람들을 모아서 함께 먹고 마시며 관계를 쌓고 있습니다. 우리는 작품을 만드는 것보다 함께 생각을 모으는 것, 집단지성을 만드는 것에 주목하고 있어요. 이번 토요일에는 성령강림주일 작업을 위해 모입니다. 이에 관심 있는 누구나 올 수 있습니다. 이것이 우리가 시니어스를 향해 가는 방식입니다. 생각처럼 되지 않을 수 있어요. 하지만 친구들과 좋은 밤을 보내는 것으로도 충분하죠.

예전에 성령강림주일 전날의 계획을 세우고, 예술가이자 교사인 데릭 린드Derek Lind를 초청하여 이에 대한 의견을 구했습니다. 그는 재활용 알루미늄 캔과 몇몇 도구를 가지고 왔습니다. 그는 사람들에게 30㎝의 주름진 철판을 나눠주고, 자신이 생각하는 성령의 이미지를 만들도록 했습니다. 그리고 그것들을 모아 한 곳에 붙였습니다. 정말 훌륭했어요. 그 작품은 각자가 생각하는 성령의 이미지보다 더 큰 의미를 보여주었습니다. 위대한 예술가의 작품이 아닌, 그곳에 모인 모든 사람이 함께 한 작품이었어요.

조니 | 제가 처음 그레이스에 갔을 땐, 더그 홀트Doug Holt가 성모 마리아 교회St.Mary's의 주임사제였습니다. 그는 그레이스에 정기적으로 찾아왔지만, 항상 눈에 띄지 않게 앉아있다가 적절하게 필요한 도움과 격려를 주었습니다. 생각해보면 정말 최고의 리더십이었습니다. 공간을 마련해주고, 허가를 내주었으며, 추측하기로는 그레이스를 향한 여러 간섭을 막아주었던 안전한 사람이었습니

다. 아마도 그와 당신의 차이점은 그가 예술가로 활동하거나 그레이스 같은 일을 한 적이 없었다는 것 정도겠죠. 저는 당신의 공동체가 그런 사목자를 길러내는 곳이 되길 바랍니다.

당신에게는 기반과 맥락이 있습니다. 훌륭한 아이디어로 이끄는 재료와 촉매를 생산할 수도 있죠. 당신이 촉매의 일부가 되어 사람들을 모으는 방식도 참 좋습니다. 그레이스도 어느 정도 그런데요. 우리가 새로운 공동체를 육성하는 도전에 직면해 있습니다. 창의적인 선교를 하려면 다양한 자원을 모으는 것이 필요하죠. 사람들이 창의적 공동체에 합류하도록 하려면, 또 그런 공동체를 만들려면 어떻게 해야 할까요?

스티브 | 그 문제는 저에게도 여전히 어렵습니다. 많은 예술가들이 단기적인 활동을 위해 우리와 함께했습니다. 그들은 아주 훌륭했고, 그들이 함께 하겠다면 언제라도 환영입니다. 창의적인 예술가를 키우기 위한 장학금 지원도 생각해봤는데, 그게 적절한지는 잘 모르겠어요.

저는 대안적 예배를 처음 접했을 때, '당신 자신을 창조하라'라는 말을 거의 신봉했습니다. 그러나 시간이 지나며 마주한 현실은 '해 아래 새것이 없다'는 것입니다. 그러나 이와는 별개로, 저는 아이디어를 계속 만들어내고 기록하는 것은 창의성에 불을 당기는 역할을 할 것이라고 생각해요.

저는 우리 예술가 중 한 명인 피트 마젠디Pete Majendie를 '지원군'이라고 부릅니다. 피트 주위에서는 창의적인 일들이 계속 일어나거든요. 이런 이들의 도움을 받는 것은 어떨까요? 만약 교회가 이런 예술가들의 도움을 받아 공동체를 움직일만한 일을 만들어낸다면 어떻게 될까요? 교회의 기념일이나 지역사회의 축제를 함께 만드는 경험은 창의적인 사람을 모으고, 창의적인 활동을 지속하는데 도움이 될 것입니다.

또한, 훈련 과정을 만드는 것도 중요하다고 생각합니다. 저는 선교와 리더십 교육을 위한 여러가지 노력을 하고 있습니다. 그리고 다른 이들에게서 새로운 아이디어를 얻고 있어요. 저는 당신에게 사물을 다양하게 사용하는 아이디어를 얻었습니다. 이처럼 확고한 생각을 가진 이들을 통해 창의성을 자극해야 합니다.

조니 | 앞으로 하고싶은 큐레이팅이 있나요?

스티브 | 늘 있죠. 일단은 뉴질랜드 지역의 계절 변화에 맞춘 성서정과를 만들고 싶어요.

조니 | 당신은 꽤 오래 이 분야에서 활동했는데요, 앞으로 어떤 일이 일어나게 될까요? 어떤 변화가 생기게 될까요?

스티브 | 저는 반교회적 분위기가 새로운 형태의 교회에서도 자주 느껴진다는 것에 여전히 놀라곤 합니다. 우리가 그 차원을 넘어설 수 있게 되기를 진심으로 바랍니다.

저는 리처드 키어니Richard Kearney의 책 〈상상력의 각성the Wake of Imagination〉을 보며 도전을 받습니다. 그는 상상력은 시적이면서도 동시에 도덕적이어야 한다고 말합니다. 앞으로 우리가 창조와 성육신에 대해 더 많이 이야기 하게 되기를 바랍니다. 그리고 마지막으로, 우리가 다른 이들, 특히 가난하고 소외된 이들을 위한 활동을 멈추지 않게 되기를 바랍니다.

참된 진리가 가져오는 변화

피트 롤린스, 조니 맥퀸

조니 | 제가 처음으로 참석한 아이콘~kon~의 이벤트는 그린벨트 페스티벌
Greenbelt Festival였습니다. 그곳에서 하느님에 관해 중요하게 여기
는 것을 포스트잇에 적는 순서가 있었는데, 저는 '은총'이라고
적었습니다. 이후 마이스터 에크하르트Meister Eckhart의 기도 〈나에
게서 하느님을 없애주소서God rid me of God〉를 드렸습니다. 우리가
하느님에 관해 가지고 있는 생각과 틀이 그 너머에 계시는 하느
님을 보지 못하게 가로막을 수도 있다는 것을 알려주는 기도였
어요. 기도를 마친 후 앞에서 적은 것을 버리는 순서가 있었고,
저는 그렇게 '은총'을 십자가에 못 박았습니다. 이 심오한 경험

은 그레이스에도 영향을 주었어요. 새로움을 만들어내기 위해서는 우리가 해왔던 방식을 버려야 한다는 것을 알게 되었거든요. 아이콘은 이벤트를 어떻게 기획하십니까? 이런 흥미로운 아이디어는 어디서 얻나요?

피트 | 처음 우리는 술집에 모여 아이디어, 신학, 그간 읽은 것들을 쏟아 놓으면서, 그것이 불러일으키는 새로운 상상에 관해 이야기하는 모임이었어요. 이렇게 모인 아이디어가 점점 쌓이면서 지금의 모습이 되었습니다. 점점 제가 아이디어를 내는 빈도가 줄고, 다른 사람들이 흥미롭다고 생각하는 것을 더 많이 수용하게 되었죠. 이런 변화는 새로운 상상에 이끌리는 우리의 성격을 잘 보여주는 것 같아요.

맥퀸 | 우리는 에너지가 있는 곳을 따라가는 경향이 있어요. 만약에 우리가 아이콘을 해산한다면, 그 과정에서 또 새로운 대화의 불꽃이 일어날 것이고, 그 불꽃이 우리를 다음으로 이끌겠죠.

피트 | 아이콘 초기에는 신학이 우리 아이디어의 기반이 되었지만, 지금은 종종 아이디어를 먼저 내고 신학을 나중에 생각하기도 합니다. 누군가가 우리 모임과 작업에 질문을 던지면, 이에 답하기 위해 우리가 만든 경험과 들어맞는 신학을 찾아냅니다. 키에르케고어Kierkegaard가 '인생은 앞을 향해 살아가고, 뒤를 돌아보아 이해하는 것이다'라고 말한 것처럼요.

맥퀸 | 우리는 가장 먼저 주제를 정하고, 이에 대한 이야기를 나눕니다. 아마 우리 회의를 처음 접하는 사람은 실망할지도 모릅니다. 큰

주제만 말하고 '이걸로 충분해!' 라고 하기도 하고, 누군가 깊이 생각해보지 않고 그냥 아이디어를 던지기만 해도, '바로 그거네요!' 라고 맞장구를 치기도 하니까요. 우리는 우리가 무엇을 하고 싶어하는지 알아내려면 시간이 필요하다는 것을 배웠습니다. 일단 우리가 하고자 하는 것이 무엇인지를 확인하기만 하면, 세부 계획은 아주 빠르게 만들어지는 편입니다.

조니 ｜ 아이콘 하면 떠오르는 두 가지 단어는 '당황하게 만들기' 와 '신적-드라마'인데요, 이 이야기를 듣고 싶습니다. 피트, 당신이 그린벨트 페스티벌에서 아이콘의 이벤트에 관해 설명해달라는 요청에 '당황하게 만들기' 라고 이야기 했었던 것이 기억나네요. 자세히 듣고 싶어요.

피트 ｜ 아이콘은 주로 반응을 일으키는 이벤트를 기획합니다. 둘러앉아서 토론하고 설명하지 않고, 오히려 생각을 간결하게 만들고 새로운 방향으로 이끌어 변화할 수 있도록 자극을 줍니다. 우리가 하는 일이 어떤 의미에서는 계시의 형태를 모방하고 있는 것일지도 모릅니다. 사람들은 종종 계시를 정보를 제공받는 것이라고 생각하지만, 실제로 진정한 계시를 마주한 사람은 산산이 조각나 무너져 버릴 것입니다. 자신이 알고 있다고 생각한 것을 더는 같은 방식으로 이해하지 못하게 되고, 굳게 믿고 있던 것이 신기루처럼 사라집니다. 우리가 말하는 당황스러움은 바로 이런 경험입니다. 우리는 이런 경험을 주고 싶어요.

맥퀸 ｜ 만약 누군가가 아이콘의 이벤트를 일관성 있게 만들려고 시도한다면, 분명 역효과가 생길 것입니다. 우리 모두는 어떤 사건에 대해 서로 상이한 이해를 갖고 있습니다. 그렇기에 사람들이 사건에 대한 의미를 스스로 찾아가도록 하는 것이 더 좋죠.

조니 | '신적-드라마'도 설명해주시겠어요?

피트 | 신학theology을 신에 관한 이성적 논리theo-logos가 아닌, '드라마'theo-drama 또는 '시'theo-poetics로 이해하면 어떨까요? 아마 더 하느님을 찾아가는 경험에 몰입하게 되지 않을까요? 신적-드라마는 이런 의미를 표현하기 위해 쓰는 말입니다.

조니 | 제가 불편함을 피하고 최대한 긍정적 인상을 심어주기 원하는 안전한 예술에 대한 글을 읽은 적이 있는데요, 이 글을 읽으며 아이콘이 떠올랐어요.

> 예술은 종종 그것이 '좋다'는 말로 쉽게 정당화됩니다. 단순히 질에 관한 이야기가 아닙니다. 어떤 작품이 당신에게 좋아 보일 수 있지만, 실제로는 좋지 않을 수도 있습니다. 또 어떤 작품은 그 작품을 사랑하는 사람에게 그 사랑을 돌려주지 않습니다. 물론, 예술 애호가에게 복잡한 생각과 감정을 해석할 수 있는 공간을 주는 작품도 있습니다. 그러나 질문을 허용하지 않거나, 한정적인 조건에서만 질문을 허용하는 작품도 있습니다. 보수적인 비평가들은 이런 특징을 악용하여 대중을 미성숙하고, 단순하고, 스스로 생각하고 결정할 수 없는 백치로 여깁니다. 고의적이고 체계적으로 사람들을 과소평가하는 것이죠. 이들은 마치 박물관이 아무런

의심이 없는 사람들에게 무언가를 강요하는 것 듯 행동합니다.[1]

이 글에 비춰보면, 아이콘은 확실히 '불편한' 공간입니다.

피트 | 어떤 이들은 우리를 '신학 홀리건'이라고 부르기도 했는걸요. 우
리가 가진 기본 가치 중 하나는 어떤 이도 불편하지 않으려면,
모든 사람이 노력해야 한다는 것입니다. 우리가 사람들을 다르
게 생각하도록 자극하는 것은 곧 우리 스스로를 자극시키는 일
입니다. 자극이라는 것은 누군가를 비난하는 것이 아닙니다. 질
문을 던지는 것이죠. 우리가 당연하게 여기는 것은 무엇인지, 우
리가 가진 전제는 무엇인지, 우리는 어디에 있는지, 우리의 질문
은 무엇인지, 어떻게 그 대답을 얻어야 하는지 등 말입니다.

맥퀸 | 우리는 우리가 과거에 서있던 기반을 흩어버리고 우리의 경계를
넓히려는 사람들입니다. 좀 무모하다고 할 만큼요.

조니 | 예술계에서는 대중들의 지성과 저마다의 해석을 과소평가하곤
합니다. 그러나 아이콘은 참여하는 이들이 가진 내면 세계의 복
잡함을 알고 있다는 것이 좋네요.

피트 | 우리는 일종의 비유를 만들고자 합니다. 비유는 다양한 수준에
서 해석되죠. 어떤 비유는 처음엔 별다른 인상을 갖지 못할 수도
있지만, 삶의 경험이 쌓인 후 같은 비유를 접하면 훨씬 더 깊은

---

[1] Marincola(ed.), Curating Now (Philadelphia: Philadelphia Exhibitions Initiative, 2001), p.16.

것을 얻을 수도 있습니다. 우리는 사람들이 비유를 통해 무언가를 얻기 바랍니다. 갈망하는 사람이 경험할 수 있는 깊은 보물이 거기에 있으니까요.

조니 | 좋은 큐레이션을 통해 만들어진 이벤트는 딱 떨어지는 정답을 주기보다, 흥미롭고도 어려운 질문을 할 수 있도록 도와주죠.

피트 | 우리는 그리스도께서 겪으신 십자가 수난의 깊이를 느끼길 원합니다. 그리스도께서는 십자가에서 '나의 하느님, 나의 하느님, 어찌하여 나를 버리셨나이까?' 이라 말씀하시며 모든 것으로부터 단절된 상태로 계셨습니다. 십자가에 달린 그리스도는 모든 대답과 경험을 빼앗겼습니다. 그가 한때 든든히 붙잡았던 모든 것이 찢어져 버렸던 것이죠. 그래서 우리도 의심, 모호함, 그리고 복잡함이 뒤섞인, 십자가가 세워진 공간을 만들고 싶어요. 그리고 그 공간을 통해 그리스도교 신앙을 나눌 것입니다.

맥퀸 | 대체로 계획 단계에 불일치와 긴장이 있었던 이벤트가 결과적으로는 강렬한 이벤트였어요. 이를 생각해 본다면 우리에겐 긴장이 필요하죠.

조니 | 좋은 큐레이터는 예술을 사랑합니다. 그들은 예술에서 눈을 떼지 않아요. 만약 큐레이터가 예술에서 눈을 돌린다면, 그건 끝을 의미하는 것이겠죠. 아이콘이 만드는 예배에서는 어떤가요? 이 모든 일에서 하느님을 향한 사랑은 어떻게 드러납니까?

조니 | 예술계의 큐레이팅과 예배 큐레이팅은 비슷한 부분이 있어요. 하지만 저는 우리가 하는 일이 정말 예배인지 잘 모르겠습니다.

예배는 정말 어려운 것 같아요. 그럼에도 제가 관심을 갖고 하는 일이 있다면, 예배를 위한 아이디어와 씨름하고, 예배 안에 창의성이 자라나는 공간을 만드는 것입니다. 사람마다 관점이 다를 수 있지만, 하느님께서 예배를 통해 우리에게서 무언가를 얻어 가신다는 생각은 좀 이상하잖아요?

피트 | 아이콘은 하느님의 사랑을 찾는 사람들이 그것을 목적으로 모이도록 하지 않습니다. 대신 사람들이 서로 만날 수 있는 공간을 만들어 그 공간을 통해 서로를 돌보고 사랑할 수 있도록 노력하고 있습니다. 우리는 사람들의 믿음에 책임을 지지 않습니다. 그들의 뒤에서 든든하게 밀어줄 뿐입니다. 제가 원하는 것은 단 하나, 사랑이 채워지는 공간을 만드는 것입니다. 이것이 우리가 하느님을 사랑하는 방식입니다.

조니 | 서로를 통해 하느님을 만나는 공간을 큐레이팅 하는 것이라고 볼 수 있겠네요. 저는 아이콘이 파드라그_{Padraig}의 노래를 사용한 것을 봤습니다. 그 노래는 하느님을 향한 아름답고 신비로운 사랑의 언어라고 생각했어요. 아이콘의 중심에는 그 노래와 같은 어조와 언어가 있어요.

피트 | 항상 그렇다고 생각하진 않아요. 하지만 저는 분명히 전통적인 언어를 좋아하긴 합니다. 아이콘은 신학적 담론의 공간입니다. 우리는 하느님에 관해 이야기할 때 실증적이거나 과학적인 주장을 하지 않습니다. 사람들은 하느님에 관한 저마다의 다양한 믿음을 가지고 있지만, 그 다름과 상관없이 모두 함께 하느님을 노

래할 수 있어요. 파드라그의 노래인 〈그리운 집Yearn〉같은 노래를 회심과 변화의 노래로 함께 부르는 것이죠.

맥퀸 | 우리는 지난 회의에서 우리가 관심을 가지는 것이 무엇인지를 나누었습니다. 우리는 거부감 없게 만드는 것, 경계를 유지하는 것, 하느님을 믿지 않는 이에게도 의미 있는 것을 만드는 것 등 매우 다른 의견들이 나왔습니다. 이처럼 다양한 관심을 수용할 수 있어야 하기 때문에, 우리가 사용하는 언어에 더 신중하게 되는 것 같아요. 종교적인 언어 중 많은 것들이 북아일랜드의 맥락에서는 도발적이기도 하니까요.

조니 | 제가 만약 큐레이팅을 한다면, 저도 여러분처럼 공간을 만들고자 할 것 같아요. 그 공간에는 분명 사람들이 어떤 것을 하느님께 표현하고자 하는 예식도 담기겠죠. 그렇기에 여러분이 공간에 대한 고민을 하는 것은 하느님을 향해 마음을 여는 방식이 아닐까 싶어요. 바로 이런 경험이 참 만남이 아닐까 싶네요.

피트 | 사람들은 아이콘이 신비주의 전통의 영향을 받았다고 생각하지만, 제 생각은 다릅니다. 우리는 하느님께 다가가는 특정한 방법이 있다는 생각, 하느님과 우리의 활동을 분리시키려는 시도를 비판합니다. 우리가 추구하는 것은 그저 서로를 사랑하는 것입니다. 진정한 예배는 목마른 사람에게 물을 주고, 배고픈 사람에게 음식을 주고, 벗은 사람에게 옷을 주는 것입니다. 그 밖의 모든 것은 겉치레일 뿐입니다.

맥퀸 | 개인적으로 저는 아이콘을 통해 하느님을 만났습니다. 그래서

아이콘이 어떤 의도를 가진 곳이라고 생각하게 되는 것인지도 모르겠어요. 우리가 사용하는 언어를 문제라고 생각하는 이들도 있고, 그렇지 않은 사람도 있습니다. 하지만 우리는 어떻게든 모두의 영성에 도움이 되는 일을 하고 싶어요. 쉬운 일은 아니지만요.

피트 | 우리는 하느님께 마음을 열고자 합니다. 신약성서는 주께서 우리 가운데 계시고, 낯선 이들 속에 계신다고 이야기합니다. 저는 특정한 방식으로만 이해되는 하느님을 떠나 새로운 방식으로 하느님을 이해하고 싶어요.

조니 | 아이콘의 큐레이션 이야기로 돌아가 볼까요? 아이콘이 아이디어를 실현하는 방식이 궁금합니다.

맥퀸 | 우리는 브레인스토밍 방식에 익숙합니다. 이런저런 이야기를 하다 보면 진지하게 다루어지는 주제가 생기고, 좋은 아이디어가 만들어집니다. 대화는 깊은 신학적 아이디어와 유쾌함 사이를 넘나듭니다. 이런 대화를 통해 서로 다른 에너지가 상호작용하다 보면, 아무도 쉽게 말할 수 없는 지점에 이르곤 합니다. 그때 핵심 아이디어나 결정적인 단서를 포착하는 사람이 있습니다. 사실 아이디어가 나오기 전까지는 좀 답답하기도 해요.

조니 | 그렇다면, 아이디어가 나오고 나서 그것을 구현하는 방법을 찾는 과정은 어떤가요? 근본주의 그리스도교 예배를 생각해보면, 정해진 주제를 전달하는 방법이 결정되어 있는 경우가 많습니다. 저는 이러한 특징때문에 사람들이 쉽게 떠난다고 생각하는 편이지만, 단순성의 측면만 놓고 보면 이것이 훨씬 강력합니다.

그러나 그것은 설명적이고, 통제하는 규범이 생기기 마련이죠.

피트 | 우리는 일 년에 9~10번 정도 예배를 만드는데, 이를 위해 네 번 정도 회의를 합니다. 대체로 첫 회의에서 많은 아이디어가 나오는데, 어떤 아이디어는 그대로 사라져버리고 어떤 아이디어는 계속 반복되기도 합니다. 한두 가지 아이디어로 기초를 잡고, 3~4주 동안 음악가, 시인, 예술가와 함께 작업합니다. 적극적으로 참여하는 이들에게는 이 과정 자체도 예배입니다. 사람들은 우리가 어떻게 오랜 시간 이 일을 할 수 있었는지 궁금해 합니다만, 이 일 자체가 우리에게 그 에너지를 줍니다.

맥퀸 | 우리 작업에는 일종의 사고를 위한 틀이 있어요. 이 틀은 이 아이디어로 진행한다면 우리가 받을 수 있는 선물은 무엇일지, 온전함에 머무를 수 있는 예식은 무엇일지, 주제로 이끄는 예술 작품은 무엇이 있는지, 어떻게 공간을 설정해야 할지를 묻는 것입니다. 이 질문에 답을 하다 보면, 얻을 수 있는 결과들이 있습니다. 이 과정을 거쳐 라이브 음악, 전례, 시가 어우러진 결과를 만들어내는 것이죠.

조니 | 저는 대안적 예배가 가진 힘은 예식에서 비롯된다고 생각합니다. 여기서 예식이란 구체화한 참여 혹은 실천적 행동이죠. 아마 여러분이 만들어내는 예식처럼, 주제가 뚜렷한 이벤트에 참여한다면, 그것은 성령이 불어오는 창문을 여는 변화의 순간이 될 것 같아요.

피트 | 예식은 우리가 탐구하는 아이디어의 표현, 상징의 구체화이기

때문에 중요한 요소입니다. 예식은 우리의 말과 행동을 일치시키는 것이고, 이를 보다 구체화하여 우리의 실존을 재구성하도록 합니다. 그렇기에 더욱 사랑하고 친절하고 관대해져야 한다는 말을 전하는 것에 그치지 않고 상징을 통해 우리의 전존재를 변화시키는 예식을 만들고 싶습니다.

조니 | 캐서린 벨Catherine Bell은 당신이 설명하는 과정을 '예식 숙달'ritual mastery이라고 합니다. 그녀는 예식에 참여한 사람은 유연한 생각과 필요한 방식을 가진 예식화 된 행위자ritualized agent가 된다고 말합니다.[2] 예식을 통해 삶의 변화가 일어난다는 말이죠.

맥퀸 | 예식은 공동체에 참여할 수 있는 기회를 제공하기도 합니다. 예식은 분열되고 개인화된 세계에서 함께 무언가를 하도록 초청합니다. 이 경험은 우리가 말로 표현할 수 있는 것 이상의 의미가 있습니다.

조니 | 여러분은 큐레이팅을 하면서 세상을 상상하고, 또 만들어내고 있어요. 여러분이 만드는 것 안에는 어떤 표현이나 이야기가 반드시 있습니다. 여러분과 함께 하는 이들은 세상을 만드는 것을 멈출 수 없을 것 같네요.

피트 | 우리는 사람들이 하느님을 믿고 싶어하는 세상을 만듭니다. 그리스도를 통해 드러난 하느님에 대한 믿음이란, 삶을 용서와 자

---

2 Bell, Ritual Theory, Ritual Practice(NewYork: oxford University Press, 1992), p.221.

비, 정의와 사랑을 품은 특정한 방식으로 살아간다는 뜻입니다. 하지만, 하느님을 믿는지, 아니면 단순히 하느님을 믿고 싶어 하는지에 대해서는 스스로 물어봐야겠죠. 아이콘에서 우리는 모두 하느님을 믿기를 열망하는 사람들입니다. 하느님을 믿는 것이 모두를 위한 용서와 사랑, 자비가 있는 세상을 만드는 것이라면 말입니다.

조니 ㅣ 큐레이션이라는 용어가 여러분이 하는 일을 설명하는 데 도움이 되나요?

피트 ㅣ 이전에는 그렇게 생각해본 적이 없었습니다. 그런데 듣고보니, 큐레이션은 우리가 해왔던 일이네요.

맥퀸 ㅣ 맞아요. 큐레이션이 바로 우리가 하는 일입니다. 박물관을 큐레이팅하는 것을 생각해보면, 어떤 것을 배치할지를 결정하죠. 서로 다른 것을 같이 두는 것은 어울리지 않으니까요. 우리는 무엇을 전할지를 고민했어요. 그리고 우리가 전하고자 하는 메시지를 다양한 방식으로 표현했죠. 이것이 큐레이션이네요.

조니 ㅣ 예술계에는 예술과 삶의 괴리를 줄이려는 움직임이 있습니다. 우리도 우리의 목소리를 교회에서 삶으로 옮길 수 있을까요?

피트 ㅣ 그것이 우리가 바라는 것이자, 우리가 하는 일의 핵심입니다. 우리는 술집, 버스, 거리, 갤러리와 같은 공공건물을 사용하여 신앙과 공적 영역의 이원론을 무너뜨리고자 합니다. 최근 우리는 술집 투어를 하고 있는데, 이것 역시 신학을 공적 영역으로 가져오는 것이라 할 수 있겠네요.

맥퀸 │ 술집에서 전도하여 교회로 데려가거나, 교회 사람들을 술집으로 훔쳐가려는 것이 절대 아닙니다!

함께 만들어가는 예배
릴리 레윈

조니 ㅣ 훌륭한 예배 경험이란 무엇이라고 생각하시나요?

릴리 ㅣ 직접 참여하는 경험이라고 생각합니다. '백성들의 일'이라는 전례의 어원 답게, 예배는 우리의 일이어야 합니다. 회중의 참여를 이끌어내는 다양한 방법이 있어요. 그날 성서 본문이 담고있는 내용을 사진, 조형, 비디오로 만드는 활동에 참여하도록 권유하거나, 여는 기도와 마침 기도를 청할 수 있습니다. 공동체가 함께 듣고 부르는 노래를 만들어보고, 예술적 은사를 가진 사람들을 초대하여 예배의 주제를 반영하는 작품들을 만들게 할 수도 있습니다. 이렇게 예배의 과정에 사람들을 참여시키는 것이 훌륭한 경험을 준다고 생각해요.

사람들이 저마다의 방식과 주체적인 태도로 예배에 참여한다면 하느님의 현존을 더 깊이 경험할 수 있을 것입니다. 저는 그런 예배가 의미를 만들어낸다고 믿습니다. 우리는 저마다의 방법으로 하느님을 예배할 수 있어요. 예배를 채우는 것은 단지 말이나 노래라는 지루한 방식에 국한 되지 않습니다. 예배는 다양함으로 채울 수 있습니다. 다양한 감각을 활용할 수도 있죠. 이렇게 만들어진 예배는 참여한 이들에게 지금 자신은 어디에 있는지, 무엇을 생각하고 느끼는지, 어떻게 반응할 수 있는지에 대해 깊이 생각하도록 요청합니다. 참여한 이들은 오늘, 성령께서 어떤 일을 하고 계시는지 느끼고 그에 생생하게 반응하게 됩니다. 이런 참여적인 예배는 그 순간을 오래 기억하게 합니다.

따라서 영향력 있는 예배를 만들기 위해서는, 먼저 공동체 구성원이 자신의 은사를 활용하고 자신의 마음을 표현할 수 있는 모임이 있어야 합니다. 이런 환경을 조성하는데 많은 시간이 필요하지만, 이 시간은 결코 낭비가 아닙니다. 훌륭한 예배를 만드는 데 필요한 것은 다양함이 공존하는 환경이니까요.

조니 | 참여하는 경험이 중요하군요. 사람들이 창의적이 되고 다양한 은사를 활용할 수 있도록 만드는 것은 많은 소수의 뛰어난 인도자가 예배를 만드는 것과는 다른 접근이네요. 다양함이 공존하는 예배가 어떤 것인지 조금 더 설명해 주시겠어요? 실제로 그런 예배를 만드는 방법과 예배 큐레이터에게 필요한 기술은 무엇이

며, 함께 작업하는 방법은 무엇인가요?

릴리 | 예술 큐레이터는 예술가와 대중을 알기 위해 많은 시간을 쏟습니다. 사람들이 완전히 몰두할 수 있는 전시를 만들기 위한 노력이죠. 예배 큐레이터도 같은 노력을 할 수 있지 않을까요? 먼저 예배를 통해 어떤 이야기를 하고 싶은지, 누가 그 이야기를 전달하도록 할 것인지 생각하는 것으로 시작할 수 있겠네요.

예배 큐레이션은 강단을 만들고 강연자를 세우는 것보다 준비할 것이 많습니다. 보이지 않는 노력이 아주 많이 필요하죠. 예배에 다양함을 녹여내기 위해서는 먼저 우리 공동체가 가진 은사가 무엇인지 알아야합니다. 시인, 작가, 음악가, 사진작가, 영화제작자, 창의성과 디자인 감각을 지닌 사람들, 마케팅에 은사를 가진 사람, 따뜻한 말로 환대하는 사람 등을 발견하는데 시간을 쏟아야 합니다.

예배 큐레이터는 예배의 최종 모습과 그 방법에 대한 전망을 갖고 있어야 합니다. 이를 기반으로 다양한 예술가들과 함께 작품을 모아 아름다운 전체를 만들어내는 것입니다. 사람들의 은사를 하나로 모아 이야기를 펼치며 하느님께 영광을 돌리는 것이라 하겠습니다.

큐레이터는 예배의 주제와 성서 구절을 미리 알고 미리 계획해야 합니다. 그 다음에 사람들을 모아 아이디어를 나누고 실현가능성을 검토한 뒤 추진합니다. 예배를 함께 만드는 과정 역시 그 자체로 예배이며, 공동체를 세우는 일입니다. 그렇기에 공동체가 함께 예배를 만드는 기회를 갖게 하는 것이 중요합니다. 예술계에서는 큐레이터 혼자 일할 수 있습니다. 그러나 제 경험으로 보면, 예배 큐레이팅은 함께 하는 것이 좋습니다.

만약 구성원 모두가 참여하는 것이 어려운 대규모의 공동체라면, 큐레이팅을 위한 핵심 그룹을 구성하고, 이를 돕는 다양한 팀을 만드는 방법도 있을 수 있습니다. 이 방법은 실제로 제가 다양한 예술가들과 함께 작업하는 방식이기도 합니다. 이는 진입장벽을 세워 회중의 자발적 참여를 어렵게 만드는 것과는 다릅니다. 일하는 구조를 만들면, 전체적인 계획을 더 잘 세울 수 있고, 결과적으로 더 나은 예배가 만들어지기 때문입니다.

저의 작업은 성서에서 출발합니다. 성서정과를 사용하여 교회력의 주제에 맞게 생각을 확장하죠. 이 생각 안에는 다양한 층이 있어요. 저는 '분위기 건축'이라는 표현을 사용하는데요, 이는 주제를 담은 이야기를 전하기 위해 시각, 느낌, 소리 그리고 후각을 자극하는 상징을 사용하는 것을 말합니다. 어떤 특정 장소를 강조하거나, 혹은 분위기를 조성하기 위해 조명을 사용하고, 주제에 맞는 음악을 준비하고, 예배에 필요한 노래가 있을 경우 작곡가와 시인을 모아서 예배 주제에 걸맞는 노래나 공동체의 정신을 담은 노래를 만들어 사용할 수 있습니다. 예를 들어, 관상기도회를 기획했다면, 이를 위해 사용할 부드러운 음악을 적절히 선정하는 것입니다. 적절한 음악의 사용은 회중이 기도와 성서, 예술 작품, 설교, 대화에 집중할 수 있는 분위기를 만들어줍니다. 분위기 건축을 위한 재료는 공동체의 의견을 구하거나 온라인 검색을 통해 찾을 수 있습니다. 꼭 그리스도교와 관련된 것이 아니어도 괜찮습니다. 예를 들어, 예수께서 앉으신 식탁을 주제로 하는 예배나 성찬을 포함하는 모임에 사용될 음악이라면, 인터넷에 '식탁'으로 검색하면 나오는 〈식탁에서At the Kitchen Table〉이라는 연주곡이나, 라일리 암스트롱Riley Armstrong의 〈식탁The Table〉을 사용할 수 있겠죠.

예배에서 사람들이 어떤 것을 가져가게 될지 고민하는 것도 중요합니다. 이를 위해 우리는 예배 경험을 지속적으로 떠올릴 수 있는 상징물을 만들기도 합니다.

조니 | 영국의 대안적 예배는 교회와 일상의 삶 사이의 경계를 무너뜨리는 시도를 해 왔습니다. 이런 흐름은 일상과 문화가 대안적 예배에 더해지는 요소가 아니라, 그 자체로 예배의 기본요소라는 사실을 알려주었습니다. 그리고 이러한 움직임이 예술계에서도 일어나고 있습니다. 미국은 어떤가요? 예배를 일상과 연결하려는 움직임이 있나요?

릴리 | 대다수의 미국교회는 전통과는 전혀 다른 공간을 만들어냈습니다. 대형 스크린, 컵홀더가 있는 극장식 의자 등 강당과 비슷하죠. 영국과 유럽에서는 아직도 스테인드글라스와 나무 장의자가 있는 오래된 석조건물에서 모이지만, 미국교회는 교회 건물이 교회처럼 보이게 하는 요소를 대다수 제거했습니다. 새로 지어진 교회는 대형마트처럼 보이거나, 거대한 강당과 푸드코트를

갖춘 기업의 사옥처럼 보이기도 합니다. 한때는 건축물 그 자체가 이야기를 들려주던 시절이 있었어요. 스테인드글라스가 그 대표적인 사례입니다. 그런 건물은 그 자체로 예배의 신성함을 드러내고 있는 것이죠. 하지만 전통 건물과 새로 지어진 건물, 개인적으로 어떤 것이 더 좋다고 말하기가 어렵네요.

　최신 아이디어와 기술, 이미지가 이야기를 전하는 것, 실제 삶으로 연결시키는 것에 도움이 된다면 얼마든지 사용할 수 있습니다. 세속적인 것과 신성한 것은 분리되는 것이 아니니까요. 그러나 사람들은 신성함과 전통을 반영하는 아름다움과 공간을 원하기도 합니다. 사람들은 일상의 분주함에서 벗어날 수 있는 장소를 갈망하고, 고요함 가운데서 하느님과 이웃에게 더 깊이 연결되는 길을 찾고 있습니다. 우리 교회를 방문한 20대 초반의 커플이 있었습니다. 우리 교회는 두 개의 탑, 높은 천장, 스테인드글라스를 가진 오래된 건물이었죠. 그들은 대형교회를 다녔지만 오래된 건물을 정말 좋아했습니다. 그들이 매일의 삶에서 만나는 장소들과는 너무나도 달랐고 그들에게 신성함을 느끼도록 해주었기 때문입니다.

　그러나 건물이 주는 분위기에만 의존해서는 안 됩니다. 그리스도교 이야기를 잘 모르는 사람들도 함께할 수 있는 예배를 만들어야 합니다. 온갖 전통적인 분위기로 가득 찬 교회는 그곳에 오는 모든 사람이 교회 안에서, 예배 중에 일어나는 일의 이유를 알고 있다고 생각한다고 착각합니다. 모든 사람이 성서를 알고 있고, 예배에서 하는 모든 행동의 의미를 알고 있다는 것은 착각입니다. 그래서 저는 예배를 큐레이팅할 때, 회중은 아무것도 모른다고 가정하는 편입니다.

조니 | 신시내티에서 당신이 교회와 관련되어 하는 일은 무엇인가요?

릴리 | '얇은 곳' Thinplace이라는 모임이 있습니다. 이 말은 이 세상과 영원의 세계가 맞닿는 지점을 말하는 켈트족의 개념어입니다. 저는 어떤 특정한 장소, 휴양지와 같은 자연의 아름다움을 담은 곳이 아닌, 일상에서 이 '얇은 곳'을 찾는다는 생각을 좋아합니다. 어떻게 일상에 존재하는 '얇은 곳'을 통해 하느님을 경험하는지가 궁금해요.

모임에는 8~15명 정도가 함께 하는데, 영성일지 나눔을 위해 주일 밤에 모입니다. 모이면 먼저 성서정과에 따른 시편과 복음서 읽는데, 성령께서 우리에게 말씀하시도록 세 번 반복해서 읽고 듣습니다. 이후 30분 동안 일지에 담을 내용을 성찰하고 기록합니다. 제가 성찰과 일지 작성을 위한 서너 개의 질문을 제시하기도 하지만, 성찰의 방법은 온전히 개인의 자유입니다. 성찰 후 다시 모여 생각과 질문을 나눕니다. 마지막으로 그 시간 했던 모든 것을 하나로 모아주는 활동을 하고, 폐회 기도로 마칩니다.

또 한 달에 한 번, 주일 밤에 기도처를 만들고 함께 예배하는 '맵룸' Maproom 모임도 있습니다. 이 그룹은 주로 신시내티 대학 맞은편에 있는 커피숍에 모여 주제를 정해 기도처를 만듭니다. 오후 5시에서 10시 사이에 누구나 그곳에 방문할 수 있습니다. 커피와 디저트를 먹을 수도 있고, 5분이든 다섯 시간이든 그 곳에 머무르며 주제를 성찰할 수 있습니다. 5년 전쯤에 교회 건물에서 비슷한 것을 하긴 했지만, 저는 이 특별한 공간을 사용하는 것을 더 좋아합니다. 그 커피숍은 원래 주일엔 열지 않습니다. 하지만 지나가는 사람들은 이곳이 보통의 커피숍인 줄 알고 들어오기도 해요. 그만큼 영성 일지를 쓰는 그룹과는 조금 다른 성격을 띄고 있는 모임입니다.

세 번째 모임은 '아트 워크'Art Walks입니다. 한 달에 두 번, 신시내티 미술 박물관Cincinnati Art Museum에 모여 영적 독서를 합니다. 그리고 흩어져 각자 한 시간 동안 박물관을 돌아보고, 점심시간이 되면 카페에서 만나 묵상과 경험을 나눕니다. 이 모임은 이웃을 위한 활동도 하고 있는데, 추수감사절에는 다른 작은 교회 공동체와 함께 어려운 이들에게 식료품을 나누어주고, 크리스마스에는 가까운 문화센터에서 지역 어린이들과 부모를 위한 파티를 열어 게임도 하고, 저녁도 먹고, 선물을 나눠줍니다.

조니 | 당신은 예술가와 일하는 동시에 다른 이들이 참여할 수 있는 환경을 만드는 것에 깊은 애정을 가졌네요. 당신이 창작이나 예술을 좋아해서 일까요? 아니면 예배학이나 교회 공동체의 영향을 받아서 일까요? 여기에 관심을 가지고 애정을 쏟는 것이 단순히 개인적 취향인 것인지, 아니면 당신에게 어떤 의미가 있는지가 궁금합니다.

릴리 | 우리 공동체에는 오랜 시간 교회에서 배제되었던 예술가들이 있

습니다. 제 동생도 탁월한 예술가인데, 그녀 역시 교회에서 아주 부정적인 경험을 했어요. 제가 우리 모임에서 설교를 듣고 그림으로 그에 응답한 사람을 처음 보고, 얼마나 울었는지 모릅니다. 만약 제 동생이 교회 안에서 이런 활동을 했고, 그 활동이 공동체에서 존중 받았다면 어땠을까 하는 생각이 들었거든요.

　　예술가로서의 저는 모든 사람이 하느님 나라의 일부라는 느낌, 그래서 홀로 있지 않아도 된다는 그 느낌을 받도록 하는 일에 저의 열정을 쏟고 싶습니다. 이것이 제가 하는 활동의 동기입니다. 저는 앞서 언급했지만, 신학적으로 삶의 모든 순간에서 하느님이 함께 계신다는 것을 믿고, 그가 우리의 창조주라는 것을 믿습니다. 그렇기에 우리가 하는 모든 것이 예배라고 생각해요. 하지만 소위 '전통적' 교회는 하느님께서는 자신의 피조물을 통해, 그리고 지금도 계속되는 창조를 통해 우리에게 말씀하신다는 것을 인식하지 못한 채 교리만을 강조해왔죠.

조니 | 당신은 어떻게 창의력을 발휘하나요? 창의력을 발휘하기 위해 특별히 하는 것이 있나요?

릴리 | 일단 창의적인 사람들과 함께 교류하는 것이 도움이 됩니다. 예를 들어, 로스앤젤레스에 있는 아치 혼라도Archie Honrado라는 친구가 저에게 박물관과 갤러리에 가보라고 권유해줬어요. 실제로 그곳에서 많은 아이디어를 얻었고, 이를 예배와 교회 안팎에서 활용했습니다. 이 경험이 제가 기회가 될 때마다 그린벨트 페스티벌에 참여하는 계기가 되기도 했습니다. 그린벨트 페스티벌은

저에게 자극을 주는 이들이 함께 모이는 곳입니다. 자극을 주는 이들을 만날 수 있기 때문에 기회가 있을 때마다 페스티벌에 가는 것이죠. 제가 올해 그린벨트 페스티벌 이후 줄곧 생각하고 있는 것은 '협력' 입니다. 제 주변에 저와 함께 할 수 있는 사람이 있는지 찾고 싶어졌어요. 또, 제가 창의력을 발휘하기 위해 필요한 것은 시간입니다. 아무것도 하지 않는 시간이 필요해요. 너무 바쁘면 색다른 방식으로 생각하거나, 다른 사람들이 어떤 것을 하는지 보거나, 책을 읽을 시간이 없으니까요.

조니 ｜ 큐레이팅을 하면서 인상적인 순간들이 있었나요?

릴리 ｜ 2년 전 대림절기 예배가 생각납니다. 매우 전통적인 예배였어요. 매번 같은 사람만 노래를 하고 악기를 연주하는 매우 통제된 환경이었죠. 그래서 저는 기존의 방법 대신 다양한 시도를 해볼 것을 제안했습니다. 성기를 부르는 대신 시를 낭송하거나, 평소에는 성가를 부르지 않던 이들을 초대하여 성가를 부르게 하는 방식 등을 제안했죠. 그곳에서 사용하고 있던 사진을 찍은 작가들과 토론 하는 기회를 만들고, 토론 이후 영적 독서를 진행하기도 했습니다. 이런 일은 그 공동체에는 매우 신선한 충격적이었어요. 그들은 오랜 시간을 함께 해왔지만, 한번도 이런 것을 해보지 않았으니까요.

맵룸을 지역 모임과 전국 의회에서 했던 것도 좋은 경험이었습니다. 왜냐면 이 경험을 통해 저 혼자 모든 것을 다 해야한다는 생각에서 벗어나, 다른 사람들이 뭔가 만들어내는 것을 돕는 역할을 하게 되었거든요.

조니 | 때로 사람들은 어떤 이벤트를 준비하는 과정에서, 지금 하고자 하는 일의 규모에 스스로 압도되는 경우가 종종 있습니다. 어떻게 해야하는지 충분히 알고, 할 수 있다고 생각하긴 하지만, 실제로는 좀 위축되는 경우가 있죠. 이런 상황에서는 어떻게 해야 할까요?

릴리 | 저는 함께 일하는 사람들에게 작업을 시작하기 전에 먼저 친교를 나눌 것을 권합니다. 아이디어를 발견하고 구현하기 위해서는 공동체 의식이 필요하기 때문입니다. 공동체 의식을 가지기 위해서는 정말 많은 시간이 필요합니다.

그리고 무엇보다, 근본적인 생각을 바꿔야 합니다. 앞에 나와 기타나 건반을 들고 노래를 부르는 사람이 '예배인도자'라는 생각에서 벗어나야 합니다. 큐레이팅은 이러한 생각을 뒤집는 것입니다. 모든 이가 예배에 참여하도록, 모든 이가 하나가 되도록 하는 것이 큐레이팅입니다. 그리고 제가 큐레이터의 역할을 하고 있다면, 어디서도 저를 볼 수 없을 겁니다. 큐레이터는 앞에 나서는 사람이 아니기 때문이죠.

조니 | 미국에는 대안적 예배 네트워크가 있나요? 저도 조금 알고 있긴 하지만, 요즘 상황이 어떻게 돌아가는지 알 정도로 가깝지는 않아서요.

릴리 | 물론 대안적 예배 운동을 하는 다른 이들도 있어요. 하지만 우리가 하는 방식이 가장 새롭다고 생각합니다. 당신은 약 20년 동안

정말 많은 방식으로 대안적 예배 운동을 했습니다. 그러나 창의적 예배는 여전히 더 많은 가능성을 품고 있습니다. 앞으로는 예배에서 못할 것이 없을겁니다!

예배 큐레이션 지침

이 지침은 그레이스의 예배에서 새로 역할을 맡은 사람에게 도움을 주기 위해 제작되었습니다. 매우 실용적인 내용을 담고 있으며, 프로젝트 관리와도 비슷합니다. 지침의 이론적 기반은 책의 인터뷰에서 확인할 수 있습니다. 이 리스트는 특정한 상황에서 만들어진 것이기 때문에, 상황과 맥락에 따라 적용 방식이 달라질 수 있습니다.

회의 준비하기

그레이스는 예배를 위해 보통 두 번의 회의를 합니다. 복잡하지 않은 예배라면 한 번으로 끝나기도 합니다. 첫 번째 회의는 주제와 관련된 아이디어와 영감을 끌어내는 브레인스토밍입니다. 두 번째 회의는 예배를 위한 아이디어를 구체화하고, 다양한 요소들을 위임하는 시간입니다.

큐레이터는 회의를 준비하고 이끌어 가야 합니다. 첫 번째 회의에서는 논의 사항을, 두 번째 회의에서는 상황이 어떻게 진행될 수 있는지에 대해 미리 생각해 오는 것이 도움이 됩니다. 회의에서 큐레이터의 역할은 토론 내용과 예배 순서를 기록하는 것입니다. 다른 사람에게 기록을 요청할 수 있습니다. 회의가 끝나면 기록을 정리하여 모두와 공유합니다.

첫 번째 회의 내용 검토하기

때로는 브레인스토밍에서 예배로 바로 적용할 수 있는 아이디어가 나오기도 합니다. 그러나 구체적인 방향이 결정되지 못할 때도 있습니다.

이런 경우, 큐레이터는 두 번째 회의를 하기 전에, 논의를 복잡하고 모호하게 만드는 것이 무엇인지 검토해야 합니다. 계획을 심화시킬 수 있는 몇 가지 제안 사항들을 미리 공지할 수 있습니다.

순서 확정하기

두 번째 회의가 끝날 때쯤에는 예배 순서와 담당자가 확정되어야 하고, 회의 직후에는 예배 진행 계획이 그룹원 모두에게 전달되어야 합니다. 부족한 부분이 있는 경우, 이를 채우는 것은 큐레이터의 역할입니다.

과제 확정하기

- 예배 순서

2차 회의에서 예배에 사용될 전례, 기도, 영상, 작품 등 대부분의 할당이 이루어지는 것이 좋습니다만, 그렇지 못할 수도 있습니다. 그렇기에 결정되지 않은 것이 무엇인지 확인해야 합니다. 회의에 참석하지 않은 사람들에게도 의향을 물어볼 수 있습니다.

- 음향

오디오 장비를 사용한다면, 음향을 조율할 수 있는 사람이 있어야 합니다. 큐레이터는 이를 담당할 수 있는 사람이 있는지 확인해야 합니다. 또한 예배에 사용 되어야 하는 음악과 노래를 점검해야 합니다.

- 시각

무대, 영상, 사진 등 시각적 자료 활용을 검토해야 합니다. 영상매체가 언제나 필요한 것은 아닙니다. 큐레이터는 무엇이 필요한지, 공간에서 어떻게 사용될지, 누가 그것을 설정하고 운영할 것인지를 이해하고 결정해야 합니다.

- 음식

식사와 다과가 필요하다면, 준비, 요리, 세팅, 서빙을 맡은 사람을 확인해야 합니다.

- 환영 및 안내

종종 간과되는 것이 환영과 안내입니다. 특히 준비 시간이 촉박할수록 그렇습니다. 그러나 찾아오는 이를 맞이하는 것은 정말 중요하기에 담당자를 지정해야 합니다.

안내 담당자는 예배 시작이 지연되는 경우 방송 등을 통해 회중에게 상황을 설명하는 역할, 예배가 끝나고 다음 행사나 식사가 있는 경우 장소를 안내하는 역할을 맡습니다.

회의록 회람하기

예배 계획이 마무리되면, 그 내용을 이메일 등으로 회람하는 것이 좋습니다. 회의를 마치고 브레인스토밍 노트를 메일로 보내는 것이 이상적입니다.

작업 진행 상황 확인하기

대부분의 사람들은 맡은 일을 책임 있게 감당합니다. 그러나 작업이 복잡한 경우, 진행 상황을 확인하는 것이 좋습니다.

대안 마련하기

누군가 몸이 아프거나 뜻밖의 상황으로 계획대로 일이 진행될 수 없게 되는 경우를 대비해야 합니다. 해당 작업을 수행 할 수 있는 다른 사람을 찾거나, 활동과 물품을 대체할 무언가를 찾아 두면 좋습니다.

예배 홍보하기

그레이스에서는 네 가지 방식으로 예배를 홍보합니다.

- 이메일을 발송합니다. 예배에 관해 설명하거나 사람들의 흥미를

끌 수 있는 문장이 있다면 더욱더 좋습니다.

- 홍보내용을 웹사이트의 게시합니다. 매력적인 문장 몇 개로 요약하거나, 아름다운 이미지가 있다면 더욱 좋습니다.
- 저희는 특별한 문제가 없는 경우, 대성당의 소식지에 포함하도록 요청합니다. 그러나 첫 번째 회의 이후에 하는 것이 좋습니다. 두 번째 회의가 지나면 늦습니다.
- 그레이스의 구성원들이 그들의 친구와 교제하며 소개할 수 있도록 장려합니다.

장소 점검하기

예배 공간을 구상하고 만드는 과정을 감독하는 것은 큐레이터의 역할입니다. 제 경험에 비추어볼 때, 당일에 즉흥적으로 필요한 것들이 생깁니다. 괜찮습니다. 그러나 항상 준비되어 있는 물품이 아닌 경우, 그것을 담당한 사람이 제대로 준비해오는지 확인해야 합니다. 설치와 정리를 도와줄 사람을 미리 확인하는 것이 좋습니다. 장소 준비 과정에 참여하려는 사람이 없는 경우도 있을 수 있기에, 이를 미리 확인하는 것이 좋습니다.

웹사이트에 예배자료 게시하기

웹사이트에 게시하기 위해 예배와 관련된 다양한 자료를 수집합니다.

피드백 듣기

예배 후 회의에서 지난 예배 과정을 돌아봅니다. 회의를 열거나 메일을 통해 후기를 들을 수 있습니다.

이 지침은 예배 큐레이션의 기본이 되는 사항을 안내하고 있습니다. 예배 큐레이션은 우리 모두에게 여전히 새로운 것이기에, 아직 부족한 것도 있습니다. 앞서 언급한 것 외에 다른 창조적인 방식도 분명 있을 것입니다. 이 지침이 도리어 여러분이 만들어가는 큐레이션에 방해가 되지 않기를 바랍니다. 더 많은 세부 계획과 다른 준비과정이 필요한 예배들도 있을 수 있습니다.

조니가 만난 사람들

스티브 콜린스 Steve Collins

스티브 콜린스는 대안적 예배 공동체인 그레이스Grace의 멤버이며, 런던 서부 일링Ealing에 거주 중이다. 그는 기업 인테리어 건축가로 테이트모던Tate Modern에서 몇 블록 떨어진 런던 중심부에서 대규모의 작업을 하고 있다. 그는 대안적 예배의 사진 모음인 스몰파이어smailfire.org, 개인적 성찰을 위한 스몰리추얼smaillritual.org, 대안적 예배 를 소개하는 웹사이트인 얼터너티브워십alternativeworship.org을 운영하고 있다.

로라 드레인 Laura Drane

로라 드레인은 맨체스터 도심에 위치한 이머징교회 상투스원Sanctus1의 설립 멤버 중 한 명이며, 2002년부터 예배 기획과 큐레이팅에 참여하고 있다. 특히 축제 전문 프로젝트 매니저 및 컨설턴트로 예술 및 문화 분야에서 일하고 있다.

아나 드레이퍼 Ana Draper

아나 드레이퍼는 의사이며, 완화치료분야의 상담심리전문가로 일하고 있다. 그녀는 어렸을 때 에콰도르의 밀림을 탐험했다. 그곳에서 불평등, 빈곤, 교육과 의료에 대한 장벽을 경험했고, 이 경험은 그녀가 가난한 이들이 없는 포용의 세계를 꿈꾸게 했다. 그녀는 영국으로 이주한 뒤, 완전히 새로운 세계의 경험에서 오는 사회적 현기증을 회복하는데 몇 년을 보냈다. 이 기간동안 그녀의 신앙은 질문과 의심을 만들어냈고, 이를 풀어가기 위해 다른 이들과 새로운 여정을 시작했다. 그녀는 켄트Kent의 지구별 살기Live on Planet Earth와 노스우드의 레이터L8r, 쉐입Shape 등의 커뮤니티를 만들며 하느님의 형상으로 지어진 인간이란 무엇인지를 탐구하고 있다.

닉 휴즈 Nic Hughes

닉 휴즈는 복스Vaux, www.vaux.net의 공동 설립자, 디자이너, 강사이다. 블로그 http://hauntedgeographies.typepad.com에 글을 쓰고 있다.

케스터 브루윈 Kester Brewin

케스터 브루윈은 복스를 공동으로 설립했으며 교사이자 프리랜서 작가다. 저서로 〈타자: 부서진 세상에서 자기 자신, 이웃 하느님을 사랑하기Other: Loving Self, god and Neighbour in a World of Fractures〉가 있으며 블로그 www.kesterbrewin.com를 운영한다.

셰릴 로리 Cheryl Lawrie

셰릴 로리는 멜버른 도심에 살고 있으며 호주 연합교회에서 영성, 문화 상황의 연결 지점을 찾기 위해 도시를 탐험하는데 시간을 보낸다. 도시에서 다양한 이벤트를 큐레이팅 했으며, 감옥에서 예배를 큐레이팅 한다. 디 에이지the Age 신문에 영성과 포스트모던 문화에 관해 정기적으로 글을 쓰며, 언젠가는 정원사가 되기를 꿈꾸고 있다.

릴리 레윈 Lilly Lewin

릴리 레윈은 예배 큐레이터, 공간 설계자atmosphere architect, 작가, 연사이며, 외향적인 명상가이다. 그녀는 씬플레이스Thinplace와 맵룸Maproom의 공동 설립자이자 큐레이터로 남편 롭Rob과 두 아들 맥Mac, 허드슨Hudson 그리고 반려견 원더Wander와 함께 살고 있다. 씬플레이스는 렉시오디비나, 저널링 및 환대를 특징으로 하는 공동체이다. 맵룸은 신시네티 대학과 그 주변의 대학생 및 성인들을 위한 개방된 실험적 공간이다. 그녀는 댄 킴벌Dan Kimball과 〈거룩한 공간Sacred Space〉을 함께 썼다.

소니아 & 이안 메인스톤코튼 Sonia & Iain Mainstone-Cotton, 클레어 버치 Clare Birch

소니아 메인스톤코튼, 이안 메인스톤코튼, 클레어 버치는 생츄어리Sanctuary, sanctuarybath.wordpress.com의 설립자이다. 생츄어리는 하느님을 만나고 친교를 이루고자 하는 이들, 주류 교회에서 예배의 공간을 찾는데 어려움을 겪고 있던 사람들이 참된 방식으로 예배와 신앙, 창조성에 대해 탐구하기로 뜻을 모아 시작되었다. 월례 예배로 시작하여 이후에는 강의, 토론, 공동체 식사가 추가 되었다. 생츄어리가 시작한지 11년 동안 아이들을 비롯해 수 많은 사람이 다녀갔지만, 사람들이 하느님을 만나도록 돕고, 사랑을 배울 수 있는 공간을 만드는 생츄어리의 본질은 변함이 없다. 클레어는 보석상이며 작가이다. 현재는 커뮤니티 카페에서 작업하고 있다. 이안은 석공예가이면서 활자예술가, 조각가이다. 소니아는 자선활동을 개발하며, 교육하고, 상담하는 일을 한다.

마틴 풀 Martin Poole

존 센타무John sentamu와 함께 런던 남부 교구에서 봉사하던 1987년에 잉글랜드 성공회에서 서품을 받아 사제가 되었다. 그 이후로 그는 브랜딩과 마케팅 전략 전문가가 되었고, 최근에는 자신의 컨설팅 회사인 스왓 미디어Swat Media를 설립했다. 2007년에 치체스터Chichester교구의 지원을 받아 같은 뜻을 가진 헌신적인 자원봉사자 그룹과 함께 비욘드BEYOND, www.beyondchurch.co.uk를 설립했다. 비욘드는 창의적인 예배 설치물과 공공 장소에서의 순례로 명성이 높아지고 있으며, 그중 가장 잘 알려진 것은 해변 오두막 대림절 달력Beach Hut Advent Calendar이다.

피트 롤린스 Pete Rollins, 조니 맥퀸 Jonny McEwen

피트 롤린스와 조니 맥퀸은 실험적 단체인 아이콘IKON, www.ikon.org.uk에 적극적으로 참여하고 있다. 맥퀸는 갈등을 창의적으로 풀어내는 예술가이며, 더브Dubh라는 이름으로 음악을 만들고 있다www.proost.co.uk. 피트는 작가, 강사, 연설가로 활동하고 있다.

스티브 테일러 Steve Taylor

스티브 테일러는 사회 변화를 주도하는 목회자이다. 그는 뉴질랜드인이며, 현재 호주 애들레이드Adelaide의 유나이팅칼리지Uniting College의 선교학 디렉터로 일하고 있다. 그는 이머징교회와 문화 변화에 박사학위를 갖고 있고, 〈경계 바깥의 교회The out of Bounds Church〉의 저자이다. 블로그www.emergentkiwi.org.nz를 운영하고 있다.

수 월리스 Sue Wallace

수 월리스는 1992년부터 대안적 예배 커뮤니티인 비전스Visions, www.visions-york.org에서 활동한 음악가이자 멀티미디어 예술가이다. 그녀는 2006년 잉글랜드 성공회 사제 서품을 받았고, 수년 동안 비전스의 예배에서 사용된 아이디어에서 영감을 얻은 다중 감각의 기도에 관해 네 권의 책을 썼다. 비전스와 요크대성당

York Minster간의 협력으로 대성당의 상황에서 고대-미래 감사성찬례 트랜센던스 Transcendence를 큐레이팅했다.

데이브 화이트Dave White

　　데이브 화이트 뉴질랜드 헤밀턴의 공공 공원에 십자가 기도처Stations of the Cross 를 큐레이팅 했다.www.stations.org.nz 그는 인세도Incedo, incedo.org.nz와 함께 선교 사역 을 하고 있으며, 작가이자 헤밀턴의 대안적 예배 공동체인 Exile의 멤버이다.

내일의 예배

초판발행 | 2021년 7월 9일

지은이 | 조니 베이커
옮긴이 | 이광희
발행처 | (주)타임교육C&P
발행인 | 이길호
편집인 | 김경문
편 집 | 황윤하
디자인 | 손승우
제 작 | 김진식, 김진현, 이난영
재 무 | 강상원, 이남구, 진제성
마케팅 | 양지우

출판등록 | 2009년 3월 4일 제322-2009-000050호
주   소 | 서울시 강남구 봉은사로 442 75th Avenue 빌딩 7층
주문전화 | 010-3210-7834
이 메 일 | viapublisher@gmail.com

ISBN | 979-11-91239-20-1
한국어판 저작권 ⓒ 2021 (주)타임교육C&P

* 비아는 (주)타임교육C&P의 단행본 출판 브랜드입니다.
* 이 책은 비아와 성공회브랜든선교연구소의 공동 프로젝트로 제작되었습니다.